Viel mehr als gute Worte

Die schönsten Texte der Bibel neu erzählt

benno

Bibliografische Information der Deutschen Nationalbibliothek
Die Deutsche Nationalbibliothek verzeichnet diese Publikation
in der Deutschen Nationalbibliografie; detaillierte bibliografische
Informationen sind im Internet über http://dnb.d-nb.de abrufbar.

Besuchen Sie uns im Internet:
www.st-benno.de

Gern informieren wir Sie unverbindlich und aktuell auch
in unserem Newsletter zum Verlagsprogramm,
zu Neuerscheinungen und Aktionen. Einfach anmelden
unter www.st-benno.de

ISBN 978-3-7462-5419-7

Zusammenstellung: Volker Bauch, Gößnitz
Umschlaggestaltung: Rungwerth Design, Düsseldorf
Umschlagabbildung: © ArvaCsaba/Fotolia
Gesamtherstellung: Kontext, Lemsel (A)

Inhaltsverzeichnis

Die Erschaffung der Welt

Dann sprach Gott: Lasst uns Menschen machen als unser Bild, uns ähnlich! Sie sollen walten über die Fische des Meeres, über die Vögel des Himmels, über das Vieh, über die ganze Erde und über alle Kriechtiere, die auf der Erde kriechen.
Gen 1,26

Posthum

Und Gott sprach zu den Wesen,
die nun auf der Erde sich tummelten:
„Wenn Ihr tief genug grabt
oder geduldig die Angel auswerft,
dann wird auch die Stunde kommen,
wo Ihr auf Menschen stoßt,
die ich nach meinem Bilde dereinst gemacht,
die aber nach ihrem Bilde leben wollten,
sich mit Schmutz und Gift bewarfen,
bis sie schließlich darin ertrunken,
erstickt oder verdurstet sind,
weil jeder mit seinem Besen
den Schmutz vor des anderen Türe kehrte,
so lange, bis Wälder und Flüsse,
Kapellen und Kirchen,
Häuser und Höfe,
Kinder und Kegel
nicht mehr zu sehen, sondern nur noch zu riechen waren.“

Und Gott sprach zu den Wesen,
die nun auf der Erde sich tummelten:
„Eigentlich ist es schade,
denn der Mensch war mein Lieblingsspielzeug
und ich hatte meinen Gefallen an ihm;
und vielleicht war es ein Fehler von mir,
ihm zu gestatten,
eigene Wege zu gehen.
Meine Wege sind zwar unerforschlich,
aber die Wege des freien Menschen
führten ihn in Schlamm und Morast,
wie er's haben und nicht haben wollte.

Nun liegt die Menschheit
unter Abfall und Auswurf,
tief im eigenen Schmutz.
Erst warf man Papier und Steine weg,
Tüten und Flaschen,
Speisen und Plastikeimer,
dann warf man die Kühe weg,
die fraßen vergiftetes Gras.
Und zuletzt warf der Mensch sich weg,
immer einer zum andern,
immer einer zum andern,
immer einer zum andern,
die letzten fielen von selbst um.

Und ich ließ sie zuregnen mit himmlischer Asche.
Als sich der letzte noch einmal bewegte,
las ich von seinen Lippen:

‚Es muss was geschehen!'
Da ließ ich ihn langsam ertrinken …"

Und Gott sprach zu den Wesen,
die nun auf der Erde sich tummelten:
„Wenn ich noch einmal Menschen mache,
dann bekommen sie keinen freien Willen,
dann werd' ich sie dumm, aber glücklich halten.
Geht nun an Eure Arbeit!"

Und die Wesen gingen an ihre Arbeit.
Es waren Geier, die sollten das Oberflächlichste
vom Oberflächlichsten säubern
und fanden bald ein Papier,
darauf stand noch mit Filzstift geschrieben:
„Kundgebung gegen die Umweltverschmutzung!
Kommt alle in Massen! Es muss etwas geschehen!
20 Uhr 15 Gemeindehaus!"

Hanns Dieter Hüsch

Kain und Abel

Der Mensch erkannte Eva, seine Frau; sie wurde schwanger und gebar Kain. Da sagte sie: Ich habe einen Mann vom HERRN erworben. Sie gebar ein zweites Mal, nämlich Abel, seinen Bruder. Abel wurde Schafhirt und Kain Ackerbauer. Nach einiger Zeit brachte Kain dem HERRN eine Gabe von den Früchten des Erdbodens dar; auch Abel brachte eine dar von den Erstlingen seiner Herde und von ihrem Fett. Der HERR schaute auf Abel und seine Gabe, aber auf Kain und seine Gabe schaute er nicht. Da überlief es Kain ganz heiß und sein Blick senkte sich. Der HERR sprach zu Kain: Warum überläuft es dich heiß und warum senkt sich dein Blick? Ist es nicht so: Wenn du gut handelst, darfst du aufblicken; wenn du nicht gut handelst, lauert an der Tür die Sünde. Sie hat Verlangen nach dir, doch du sollst über sie herrschen. Da redete Kain mit Abel, seinem Bruder. Als sie auf dem Feld waren, erhob sich Kain gegen Abel, seinen Bruder, und tötete ihn. Da sprach der HERR zu Kain: Wo ist Abel, dein Bruder? Er entgegnete: Ich weiß es nicht. Bin ich der Hüter meines Bruders? Der HERR sprach: Was hast du getan? Das Blut deines Bruders erhebt seine Stimme und schreit zu mir vom Erdboden. So bist du jetzt verflucht, verbannt vom Erdboden, der seinen Mund aufgesperrt hat, um aus deiner Hand das Blut deines Bruders aufzunehmen. Wenn du den Erdboden bearbeitest, wird er dir keinen Ertrag mehr bringen. Rastlos und ruhelos wirst du auf der Erde sein. Kain antwortete dem HERRN: Zu groß ist meine Schuld, als dass ich sie tragen könnte. Siehe, du hast mich heute vom Erdboden vertrieben und ich muss mich vor deinem Angesicht verbergen; rastlos und ruhelos werde ich auf der Erde sein und jeder, der mich findet, wird mich töten. Der HERR aber sprach zu ihm: Darum soll jeder, der Kain tötet, siebenfacher Rache verfallen. Darauf machte

der HERR dem Kain ein Zeichen, damit ihn keiner erschlage, der ihn finde. So zog Kain fort, weg vom HERRN und ließ sich im Land Nod nieder, östlich von Eden.
Gen 4,1-16

Das Kainszeichen

Zur Zeit, da die einschlägigen internationalen Körperschaften ihre Nachforschungen über den unnatürlichen Tod Abels wiederaufnahmen, weilte Kain, der Bruder des Dahingeschiedenen, im Lande Nod und bestellte seinen Acker. Er tat das ohne besonderen Erfolg – hatte er doch, ehe er sesshaft wurde, ein Vagabundenleben geführt und sich nie mit Landwirtschaft beschäftigt. Außerdem litt er darunter, dass die damalige Weltbevölkerung – ihre Gesamtzahl belief sich ursprünglich auf vier Personen – den Umgang mit ihm mied. Das lag an den hartnäckigen Gerüchten, die ihm eine mehr als zwielichtige Rolle in der oben erwähnten Affäre zuschrieben. Es galt als sicher, dass Kain zu einem unsteten und flüchtigen Erdendasein verurteilt worden war, obwohl anderseits feststand, dass die Verurteilung sich lediglich auf Indizienbeweise stützte. Höheren Orts war man sich über diesen juristischen Defekt durchaus im Klaren, weshalb man ja auch von einem Todesurteil abgesehen hatte.
So lagen die Dinge, als auf einem der östlich von Eden gelegenen Äcker Kains eines Tages aus einem Erdloch eine gelbe, stark riechende Flüssigkeit emporschoss, die, wie sich alsbald zeigte, hervorragend geeignet war, Feuer zu unterhalten und im Winter die kalten Wohnhöhlen zu heizen.
Die neuen Untersuchungen des Falles Kain, die daraufhin von einigen blockfreien Nationen in die Wege geleitet wurden,

konnten die Schwächen des gegen Kain ergangenen Urteils überzeugend bloßlegen. Kain war ja nicht etwa auf frischer Tat ertappt worden, sondern nur deshalb in den Verdacht der Täterschaft geraten, weil sich auf der ganzen bewohnten Welt niemand anderer finden ließ. Diesen Umstand, der übrigens einen traurigen Beweis für die unzureichenden Sicherheitsvorkehrungen der Behörden darstellte, hatte Kain bereits im Prozess hervorgehoben. Auch die Frage des Tatmotivs entzog sich nach wie vor einer zufriedenstellenden Aufklärung, umso mehr, als der Verdacht gegen Kain in einer bis dahin glücklich dahinlebenden Familie entstanden war. Sogar die Staatsanwaltschaft musste zugeben, dass Kains Eltern eine vorbildlich harmonische Ehe geführt hatten, was sich jederzeit auf Herz und Rippe nachprüfen ließ. Ein weiterer Schlechtpunkt für die Anklage ergab sich daraus, dass der Kronzeuge Adam, der mittlerweile im bemerkenswerten Alter von 182 Lenzen stand, sich an nichts mehr erinnern konnte, außer an seine Eheschließung mit der Schlange.

Obwohl die Dinge sich für ihn recht günstig anließen, brach Kain plötzlich zusammen und legte ein Geständnis ab. Gott, so gab er an, hätte Abels Opfer akzeptiert und seines verschmäht. Darin erblickte er einen flagranten Fall von Diskriminierung und die eigentliche Ursache, warum ein Viertel der Menschheit vernichtet wurde.

Jetzt griffen die Großmächte, die stärkstes Interesse an jener hochwertigen gelben Flüssigkeit hatten, in das Verfahren ein. Sie ließen durch einige mit ihnen verbündete Staaten die Frage aufwerfen, ob Kains Geständnis nicht vielleicht unter unzulässigem Druck erfolgt wäre und ob der Schauplatz des angeblichen Totschlags sich nicht auf einem zu Kains Besitz gehörigen Territorium ereignet hätte, das von Abel widerrechtlich in Anspruch genommen worden sei. Der Vertreter Pakistans gab sogar zu bedenken, dass die Schafherde Abels ohne vorherige Warnung in das kainsche Hoheitsgebiet eingedrungen sein könnte. Daraufhin habe Kain seine Selbstbeherrschung verloren, und als er sich bückte, um sie wiederzufinden, sei er von Abel attackiert worden. Es spräche somit alles dafür, dass Kain in berechtigter Notwehr gehandelt hätte.

Im Hinblick auf diese Erkenntnisse übergaben 29 blockfreie Staaten dem UNO-Generalsekretär Waldheim eine Petition, in der sie verlangten, dass die ganze Angelegenheit neu aufgerollt werden müsste. Sie wurden von den Ländern des NATO-Paktes unterstützt, deren Entschließungsantrag ein wenig besser ausgewogen war und die Schuld an dem bedauerlichen Vorfall gleichmäßig auf beide Brüder verteilte. Der sowjetische Delegierte ging jedoch einen Schritt weiter und stellte fest, dass es zu diesem Vorfall niemals gekommen wäre, wenn Abel keine Besitzansprüche auf ein ihm nicht gehöriges Gebiet erhoben hätte.

In liberalen und intellektuellen Kreisen begann dieser Standpunkt immer größeren Anklang zu finden. Unter dem Schlagwort „Gerechtigkeit für Kain!“ setzten Protestaktionen ein, fortschrittliche deutsche Zeitschriften veröffentlichten tiefschürfende Analysen über die latenten Aggressionstendenzen Abels, schwedische Studenten demonstrierten für Kains Rehabilitierung und beriefen sich auf einen Leitartikel der „Prawda“, der sich für „die legitimen Rechte Kains“ eingesetzt hatte. Die Volksrepublik China rügte die reformistisch verwaschene Haltung der Sowjetunion und bezeichnete Abel als den eindeutig Schuldigen, Oberst Gadaffi nannte ihn einen „dreckigen ‚Mörder“, und einer der geistigen Führer der Dritten Welt, Feldmarschall Dr. h. c. Idi Amin Dada, forderte in einem sechstausend-

achthundert Worte langen Telegramm die Völker Afrikas auf, zum Zeichen der endgültigen Überwindung des Kolonialismus die Leiche Abels auszugraben und ins Meer zu werfen.
Nach längeren Debatten beschloss die Vollversammlung der UNO mit einer Mehrheit 29 Stimmen bei 132 Enthaltungen, die gerechten Bemühungen Kains um Wiedergutmachung eines historischen Irrtums zu unterstützen und lud ihn als Beobachter zur nächsten Sitzung des Sicherheitsrates ein.
Wenige Wochen, nachdem man entdeckt hatte, dass die im Lande Nod gefundene Flüssigkeit sich auch für Beleuchtungszwecke eignete, trat die Vollversammlung unter dem Vorsitz Algeriens neuerlich zusammen. Gegenstand der Beratungen war ein Antrag auf Änderung des Resolution Nr. 369, deren entscheidende Stelle nunmehr lauten sollte: „Und Abel erhob sich wider seinen Bruder Kain, und wurde von ihm in Notwehr erschlagen." Die Gegenstimmen – insgesamt zwei – kamen von Israel, das am Urtext festhalten wollte, und von Ecuador infolge eines technischen Versehens. Hinter den Kulissen gelang es den Vereinigten Staaten, eine gemäßigte Textfassung durchzusetzen, in der einerseits „eine aktive, in vorbereitender Funktion erfolgte Beteiligung Abels an seiner Ermordung" festgestellt und andererseits unter ausdrücklichem Hinweis auf Kain „jede Anwendung von Gewalt" schärfstens verurteilt wurde. Dieser Kompromissvorschlag fand einstimmige Billigung.
Kains Auftritt vor den Vereinten Nationen gestaltete sich zu einem noch nicht dagewesenen Triumph. Von Beifall umtost, betrat der unerschrockene Kämpfer für Recht und Gerechtigkeit das Rednerpult, in der einen Hand die Keule, mit der er sich gegen seinen Bruder gewehrt hatte, in der anderen Hand eine Lampe mit der begehrten gelben Flüssigkeit; er richtete einen flammenden Appell an die Gemeinschaft der Völker, fortan in

brüderlicher Liebe zusammenzuleben und das Wort „Gewalt“ aus ihren Wörterbüchern zu streichen.
Der Sicherheitsrat beschloss die Einsetzung eines „Unterausschusses zur Bereinigung historischer Fehlentscheidungen“ und wählte Kain zum Vorsitzenden.
Auch die UNESCO ließ sich nicht lumpen und schuf einen alljährlich zu verteilenden Preis „für den erfolgreichsten Beitrag zur Förderung des Weltfriedens“. Der Preis hatte die Form einer in Gold gehaltenen Plakette, die von zwei quer ausgehöhlten Linien durchlaufen war, und hieß zu Ehren seines ersten Empfängers „Das Kainszeichen“.

Ephraim Kishon

Gottverlasssenheit und Rettung des todgeweihten Armen

Ein Psalm Davids.

Mein Gott, mein Gott, warum hast du mich verlassen, bleibst fern meiner Rettung, den Worten meines Schreiens? Mein Gott, ich rufe bei Tag, doch du gibst keine Antwort; und bei Nacht, doch ich finde keine Ruhe. Aber du bist heilig, du thronst über dem Lobpreis Israels. Dir haben unsere Väter vertraut, sie haben vertraut und du hast sie gerettet. Zu dir riefen sie und wurden befreit, dir vertrauten sie und wurden nicht zuschanden. Ich aber bin ein Wurm und kein Mensch, der Leute Spott, vom Volk verachtet. Alle, die mich sehen, verlachen mich, verziehen die Lippen, schütteln den Kopf: Wälze die Last auf den HERRN! Er soll ihn befreien, er reiße ihn heraus, wenn er an ihm Gefallen hat! Du bist es, der mich aus dem Schoß meiner Mutter zog, der mich anvertraut der Brust meiner Mutter. Von Geburt an bin ich geworfen auf dich, vom Mutterleib an bist du mein Gott. Sei mir nicht fern, denn die Not ist nahe und kein Helfer ist da! Viele Stiere haben mich umgeben, Büffel von Baschan mich umringt. Aufgesperrt haben sie gegen mich ihren Rachen, wie ein reißender, brüllender Löwe. Hingeschüttet bin ich wie Wasser, gelöst haben sich all meine Glieder, mein Herz ist geworden wie Wachs, in meinen Eingeweiden zerflossen. Meine Kraft ist vertrocknet wie eine Scherbe, die Zunge klebt mir am Gaumen, du legst mich in den Staub des Todes. Denn Hunde haben mich umlagert, eine Rotte von Bösen hat mich umkreist. Sie haben mir Hände und Füße durchbohrt. Ich kann all meine Knochen zählen; sie gaffen und starren mich an. Sie verteilen unter sich meine Kleider und werfen das Los um mein Ge-

wand. Du aber, HERR, halte dich nicht fern! Du, meine Stärke, eile mir zu Hilfe!
Ich will deinen Namen meinen Brüdern verkünden, inmitten der Versammlung dich loben.
Ps 22,1-20.23

Mein Gott, mein Gott,
warum hast du mich verlassen.

Ich klage und rufe zu dir,
und wir verhungern doch.
Ich bitte und bettele,
und wir haben doch nichts zu essen.

Mein Gott, den ganzen Tag
sehne ich mich nach einer Hand,
die sich mir entgegenstreckt,
und nachts träume ich von
einer Stunde ohne Hunger.

Mein Gott, auf dich vertrauen Millionen Menschen.
Sie vertrauen dir, und du hast ihnen geholfen,
schon seit Jahrhunderten.
Warum helfen sie nicht weiter.
Du hast sie nicht verlassen.
Warum verlassen sie uns!

Mein Gott, hilf ihnen, uns zu helfen;
sonst werden sie zum Spott der Leute
und verachtet von der Welt.
Sie haben sich auf dich verlassen.
Sie haben ihre Verantwortung auf ihren Herrn abgeschoben.
Und nun sind sie ihre Verantwortung los.

Mein Gott, gib ihnen ihre Verantwortung wieder zurück.
Weck die Schlafenden;
denn die Wachen schreien vor Hunger.

Uwe Seidel

Der gute Hirte

Ein Psalm Davids.

Der HERR ist mein Hirt, nichts wird mir fehlen. Er lässt mich lagern auf grünen Auen und führt mich zum Ruheplatz am Wasser. Meine Lebenskraft bringt er zurück. Er führt mich auf Pfaden der Gerechtigkeit, getreu seinem Namen. Auch wenn ich gehe im finsteren Tal, ich fürchte kein Unheil; denn du bist bei mir, dein Stock und dein Stab, sie trösten mich. Du deckst mir den Tisch vor den Augen meiner Feinde. Du hast mein Haupt mit Öl gesalbt, übervoll ist mein Becher. Ja, Güte und Huld werden mir folgen mein Leben lang und heimkehren werde ich ins Haus des HERRN für lange Zeiten.
Ps 23,1-6

Du mein Hirte!

Wärst du mein Hirte, nichts würde mir fehlen.

Führ mich zu blühenden Weiden,
lass mich lagern an strömendem Wasser,
dass meine Seele zu Atem kommt,
dass ich die rechten Pfade wieder gehen kann,
dir nach.

Du mein Hirte? Nichts würde mir fehlen.

Muss ich in den Abgrund, die Todesschlucht,
dann packt mich Angst – bist du bei mir,
werde ich nicht sterben vor Angst.

Du hast den Tisch schon gedeckt,
meine Spötter wissen nicht, was sie sehen,
dass du meine Füße wäschst, sie salbst mit Balsam,
mir einschenkst: Trink nur, sagst du.

Nichts wird mir fehlen.

Lass es so bleiben, dieses Glück,
diese Gnade, all meine Lebenstage.
Dass ich bis ans Ende meiner Jahre
wohnen werde in deinem Haus.

Du, mein Hirte, nichts wird mir fehlen.

Psalm 23
in der Übertragung von Huub Osterhuis

Unter dem Schutz des Höchsten

Wer im Schutz des Höchsten wohnt, der ruht im Schatten des Allmächtigen. Ich sage zum HERRN: Du meine Zuflucht und meine Burg, mein Gott, auf den ich vertraue. Denn er rettet dich aus der Schlinge des Jägers und aus der Pest des Verderbens. Er beschirmt dich mit seinen Flügeln, unter seinen Schwingen findest du Zuflucht, Schild und Schutz ist seine Treue. Du brauchst dich vor dem Schrecken der Nacht nicht zu fürchten, noch vor dem Pfeil, der am Tag dahinfliegt, nicht vor der Pest, die im Finstern schleicht, vor der Seuche, die wütet am Mittag. Fallen auch tausend an deiner Seite, dir zur Rechten zehnmal tausend, so wird es dich nicht treffen. Mit deinen Augen wirst du es schauen, wirst sehen, wie den Frevlern vergolten wird. Ja, du, HERR, bist meine Zuflucht. Den Höchsten hast du zu deinem Schutz gemacht. Dir begegnet kein Unheil, deinem Zelt naht keine Plage. Denn er befiehlt seinen Engeln, dich zu behüten auf all deinen Wegen. Sie tragen dich auf Händen, damit dein Fuß nicht an einen Stein stößt; du schreitest über Löwen und Nattern, trittst auf junge Löwen und Drachen. Weil er an mir hängt, will ich ihn retten. Ich will ihn schützen, denn er kennt meinen Namen. Ruft er zu mir, gebe ich ihm Antwort. In der Bedrängnis bin ich bei ihm, ich reiße ihn heraus und bring ihn zu Ehren. Ich sättige ihn mit langem Leben, mein Heil lass ich ihn schauen.
Ps 91,1-16

Engel schickt er

Wer unter dem Schirm des Höchsten sitzt

Wen Gott behütet und wer unter den Augen
des himmlischen Vaters Obhut gefunden hat,
der sagt dann auch: Lieber Gott,
auf dich setze ich meine Hoffnung,
bei dir fühle ich mich sicher,
du bist mein Gott,
und meine Augen richten sich auf dich.
Wenn ich gejagt und gehetzt bin: Gott bringt Ruhe.
Ich kann zu mir finden, weil er zu mir gekommen ist.
Gottes Wahrheit umgibt mich
wie eine schützende Schicht.
Wenn ich schlecht schlafen kann oder Angst habe,
wenn ich mich abends schon fürchte vor den Spitzen
von morgen,
dann richtet Gott mich auf und spricht mir gut zu;
von ihm bekomme ich neuen Mut.
Engel schickt er, seine guten Kräfte,
und ich fühle mich getragen auf allen meinen Wegen.
Gott weiß, dass ich ihn liebe;
darum kann ich durch Gefahren gehen, als wären sie nichts.
Gott weiß, dass ich immer mit ihm rede;
also umgibt er mich mit seinem Schutz.
Gott weiß, wie sehr ich ihn brauche;
darum begleitet er mich in schwierigen Lagen.
Er befreit mich, gibt mir Rückhalt und Anerkennung.

Gott will meinen Lebenshunger mit
langem Leben erfüllen
und will mir zeigen, was wirklich Leben
aus seiner Hand ist.

Peter Spangenberg nach Psalm 91

Ein neues Lied auf den Schöpfer und Richter

Ein Psalm.

Singt dem HERRN ein neues Lied, denn er hat wunderbare Taten vollbracht! Geholfen hat ihm seine Rechte und sein heiliger Arm. Der HERR hat sein Heil bekannt gemacht und sein gerechtes Wirken enthüllt vor den Augen der Völker. Er gedachte seiner Huld und seiner Treue zum Haus Israel. Alle Enden der Erde sahen das Heil unsres Gottes. Jauchzet dem HERRN, alle Lande, freut euch, jubelt und singt! Spielt dem HERRN auf der Leier, auf der Leier zu lautem Gesang! Mit Trompeten und lautem Widderhorn jauchzt vor dem HERRN, dem König! Es brause das Meer und seine Fülle, der Erdkreis und seine Bewohner. In die Hände klatschen sollen die Ströme, die Berge sollen jubeln im Chor vor dem HERRN, denn er kommt, um die Erde zu richten. Er richtet den Erdkreis in Gerechtigkeit, die Völker so, wie es recht ist.
Ps 98,1-9

Jubelt nicht unbedacht

Singet dem Herrn ein neues Lied,
denn er hat Wunder getan
und tut sie noch.

Alles, was er wollte, hat er wahr gemacht,
wer ihm recht ist, muss ihm dienen,

niemand kann ihm widerstehen.
Wer ihn kennt und bekennt,
dem hält er die Treue,
die Welt hat's gesehn.
Allen Völkern zeigt er, was Gerechtigkeit ist.

Ihr Menschen auf der Erde,
jubelt nicht unbedacht
heute dem und morgen jenem zu!
Der Herr aller Herren hat euch geschaffen,
es ist Zeit, ihn zu rühmen.
Wer singen kann, singe,
wer nicht singen mag, klopfe den Takt,
wer Gitarre spielt, schlage die Saiten.
Mit Bass, Posaunen und Trompeten
bringt ein Danklied dem Herrn aller Herren.

Ozeane, Teiche, Tümpel, auf zum Tanz!
Auf, ihr Flüsse aller Kontinente,
Bäche, plätschert, Flüsse, braust!
Auf! Lasst euern Beifall rauschen!
Festland, rede in tausend Sprachen,
freu' dich deiner vielen Völker,
gelb und rot und schwarz und weiß.

Der Herr wird kommen,
die Völker zu regieren.
Der Herr aller Herren
wird kommen zur Zeit.

Arnim Juhre

Loblied auf den barmherzigen und gerechten Gott

Von David.

Preise den HERRN, meine Seele, und alles in mir seinen heiligen Namen! Preise den HERRN, meine Seele, und vergiss nicht, was er dir Gutes getan hat! Der dir all deine Schuld vergibt und all deine Gebrechen heilt, der dein Leben vor dem Untergang rettet und dich mit Huld und Erbarmen krönt, der dich dein Leben lang mit Gaben sättigt, wie dem Adler wird dir die Jugend erneuert. Der HERR vollbringt Taten des Heils, Recht verschafft er allen Bedrängten. Er hat Mose seine Wege kundgetan, den Kindern Israels seine Werke. Der HERR ist barmherzig und gnädig, langmütig und reich an Huld. Er wird nicht immer rechten und nicht ewig trägt er nach. Er handelt an uns nicht nach unsern Sünden und vergilt uns nicht nach unsrer Schuld. Denn so hoch der Himmel über der Erde ist, so mächtig ist seine Huld über denen, die ihn fürchten. So weit der Aufgang entfernt ist vom Untergang, so weit entfernt er von uns unsere Frevel. Wie ein Vater sich seiner Kinder erbarmt, so erbarmt sich der HERR über alle, die ihn fürchten. Denn er weiß, was wir für Gebilde sind, er bedenkt, dass wir Staub sind. Wie Gras sind die Tage des Menschen, er blüht wie die Blume des Feldes. Fährt der Wind darüber, ist sie dahin; der Ort, wo sie stand, weiß nichts mehr von ihr. Doch die Huld des HERRN währt immer und ewig für alle, die ihn fürchten. Seine Gerechtigkeit erfahren noch Kinder und Enkel, alle, die seinen Bund bewahren, die seiner Befehle gedenken und danach handeln. Der HERR hat seinen Thron errichtet im Himmel, seine königliche Macht beherrscht das All. Preist den HERRN, ihr seine Engel, ihr starken Helden, die sein Wort voll-

strecken, die auf die Stimme seines Wortes hören! Preist den HERRN, all seine Heerscharen, seine Diener, die seinen Willen tun! Preist den HERRN, all seine Werke, an jedem Ort seiner Herrschaft! Preise den HERRN, meine Seele!
Ps 103,1-22

Wie auf einer Töpferscheibe

Psalm 103 (104)
Lobe den Herrn, meine Seele!
Herr, mein Gott, Du bist groß.
Du bist in Atomenergie gekleidet
wie in einen Mantel.

Wie auf einer Töpferscheibe hast Du
Aus einer Wirbelwolke kosmischen Staubes
die Spiralen der Milchstraße gezogen.
Unter Deinen Händen begann das Gas sich zu verdichten und zu glühen,
so formtest Du die Sterne.
Wie Sporen oder Samen hast Du Planeten ausgestreut
und sätest Kometen wie Blumen.
Ein rot glühendes Meer war der ganze Planet,
Eisen und rote, geschmolzene Felsen
stiegen und sanken mit den Gezeiten.

Und alles Wasser war damals noch Dampf,
dunkle Wolkendecken hüllten die Erde ein.
Und dann begann es zu regnen – Jahrhundert um Jahrhundert,
ein jahrhundertelanger Regen fiel auf steinerne Kontinente.

Äonen später entstanden die Meere;
tauchten Gebirge auf
(die Erde war schwanger).
Und die Berge wuchsen wie große Tiere,
aber das Wasser zernagte sie;
als Ruinenberge blieben sie liegen,
Trümmer aus jenen Zeiten.

Das Zusammenspiel von Wasser und Licht erzeugte das erste Molekül,
die erste Bakterie teilte sich.
Im Präkambrium erschien die erste glasige Alge,
von Sonnenenergie ernährt.
Durchsichtige Geißeltierchen,
Kristallglöckchen ähnlich oder Blumen aus Gelatine,
bewegten sich und pflanzten sich fort
(das ist der Ursprung von allem, was heute lebt).

Danach kamen die ersten Schwämme,
plastisch wie Medusen,
Polypen mit Mund und Magen;
darauf die ersten Weichtiere
und die ersten Stacheltiere: Seestern und Seeigel.
Im frühen Kambrium bedeckten Schwämme den Meeresboden
und bauten Felsenriffe von Pol zu Pol.
Im mittleren Kambrium starben sie alle,
aber dann erblühten die ersten Korallen
und bauten auf dem Meeresgrund rote Wolkenkratzer.
In den Gewässern des Silurs
tauchten die ersten Scherentiere auf: Seeskorpione,
und im späten Silur der erste Raubfisch,

ein winziger Hai (der hatte schon eine Kinnlade).
Im Devon wuchs das Seegras zu Bäumen auf
und lernte atmen,
verstreute seine Sporen und wuchs zu Wäldern;
seitdem gibt es Stängel und Blätter.
Dann kamen die ersten einfachen Tiere an Land,

Skorpione und Spinnen entflohen dem Meer;
mit ihren Flossen erschienen die ersten Amphibien,
und die Flossen wurden zu Füßen.
Weiche, fleischige Bäume wuchsen in den Sümpfen des Paläozoikums.
Es gab noch keine Blumen,
da gab es schon Insekten,
entstanden Dinosaurier und Vögel.
Und die ersten Blumen wurden von den ersten Bienen besucht.
Im Mesozoikum gab es die ersten Säugetiere,
winzig und warmblütig,
die ihre Jungen lebend gebaren und säugten.
Im Eozän erschienen Lemuren, die auf Bäumen lebten,
und die ersten Tarsier mit Stereoskop-Augen wie der Mensch.
Und zu Anfang des Quartärs erschufst Du den Menschen.

Du gibst dem weißen Bären seinen eisfarbenen Anzug
und dem Polarfuchs das schneeweiße Fell.
Das Wiesel färbst Du im Sommer braun und im Winter weiß.
Der Gottesanbeterin gibst Du ihr Tarnkleid,
und die Schmetterlinge tarnst Du mit Blumenfarben.
Du lehrst die Biber, ihre Dämme aus Stäben
und ihre Häuser auf dem Wasser zu bauen.

Die Baumgrille fliegt und singt und kennt ihre Nahrung
von Geburt an,
und die Wespe versteht's, Baumstämme anzubohren,
um ihre Eier abzulegen.
Die Spinne webt ihr Netz;
wenn die Störche aus dem Ei schlüpfen,
wissen sie, wo Norden und wo Süden ist;
sie brauchen keinen Reiseführer auf ihrem Flug nach Norden.
Dem Leoparden gibst Du Schnelligkeit,
dem Baumfrosch Saugnäpfe
und dem Nachtfalter einen Geruchssinn,
der den Duft des Weibchens wahrnimmt in der Nacht
über gut zwei Meilen hin.
Du gibst dem Krustentier Leuchtorgane,
den Tiefseefischen Teleskopaugen
und den Zitterfischen elektrische Batterien.

Du hast den Befruchtungsvorgang der Blumen erfunden;
Du gibst dem Samen Flügel, dass er im Winde fliegen kann,
und Häutchen, dass er schwebt wie Schmetterlinge.
Andere haben Haare, um im Wind zu rudern,
oder sie fallen wie Flocken,
wie Propeller,
oder gehen wie Fallschirme nieder,
oder sie schwimmen im Wasser wie Boote und suchen den Fruchtknoten.
Der Blütenstaub kennt seinen vorgeschriebenen Pfad,
und die Gewebe des Griffels beirren ihn nicht
auf seinem Weg zur weiblichen Eizelle.

Aller Augen harren auf Dich, Herr,
jedem gibst Du seine Nahrung zu seiner Zeit.

Du öffnest Deine Hände und schüttest Deinen Segen über alle Tiere aus.
Dem bescheidenen Ruderfußkrebs gibst Du seine Kieselalge.
Die Seeanemonen verlangen ihre Nahrung von Dir
(grausame, gefräßige Pflanzen),
und Du gewährst sie ihnen.
Mir ihren hungrigen Fangarmen
verlangt auch die durchsichtige Nereide ihre Nahrung von Dir.
Seegras und Krabben gibst Du dem Tauchervogel und seinen Kindern,
und dem Meeresstrandläufer gibst Du zarte Weichtiere.

Die Sperlinge haben weder Kornkammern noch Traktoren,
Du aber gibst ihnen die Körner, die auf die Straße fallen,
wenn die Lastwagen zu den Silos fahren.
Dem Kolibri gibst Du den Nektar der Blumen,
weichen Reis dem ReisvogeI
und Fische dem Eisvogel und seiner Gefährtin.
Die Möwen finden jeden Tag ihre Fische
und die Eule jede Nacht ihre Frösche und Mäuse.
Du bereitest dem Kuckuck sein Mahl
aus Raupen und haarigen Würmern,
Du gibst dem Raben Grillen
und der Grille, die in ihrer Höhle singt, Insekten.
Dem Specht gibst Du kleine rote Früchte,
viel mehr, als er zu essen vermag.
Das gestreifte Eichhörnchen hält seinen Winterschlaf,
und wenn es aufwacht, liegen seine Vorräte immer noch bereit.

Du lässt die Frühlingsblumen sich öffnen,
wenn die Schmetterlinge aus den Puppen kriechen.
Morgens öffnest Du die Blumen für die Tagschmetterlinge
und schließt sie abends, wenn sie schlafen gehen,
und wieder andere öffnest Du des Abends für die Nachtfalter,
die in dunklen Ecken den Tag verschlafen
und erst wieder ausfliegen, wenn der Abend dämmert.
Und an demselben Tag,
an dem Du die Hummel aus ihrem Winterschlaf weckst,
öffnest Du die Blüten der Weiden.

Ich werde den Herrn preisen, solange ich lebe –
ich werde Ihm Psalmen schreiben –
mögen meine Lieder ihm Freude machen.
Lobe den Herrn, meine Seele,
Halleluja!

Ernesto Cardenal

Das große Halleluja

Halleluja! Lobt Gott in seinem Heiligtum, lobt ihn in seiner mächtigen Feste! Lobt ihn wegen seiner machtvollen Taten, lobt ihn nach der Fülle seiner Größe! Lobt ihn mit dem Schall des Widderhorns, lobt ihn mit Harfe und Leier! Lobt ihn mit Trommel und Reigentanz, lobt ihn mit Saiten und Flöte! Lobt ihn mit tönenden Zimbeln, lobt ihn mit schallenden Zimbeln! Alles, was atmet, lobe den HERRN. Halleluja!
Ps 150,1-6

Das Weltall ist sein Heiligtum

Psalm 150

Lobet den Herrn des Kosmos,
das Weltall ist sein Heiligtum
mit einem Radius von hunderttausend Millionen Lichtjahren.
Lobt ihn,
den Herrn der Sterne
und der interstellaren Räume.
Lobt ihn,
den Herrn der Milchstraßen
und der Räume zwischen den Milchstraßen.
Lobt ihn,
den Herrn der Atome
und der Vakuen zwischen den Atomen.

Lobt ihn
mit Geigen, mit Flöten
und Saxophon.
Lobt ihn
mit Klarinetten und Englisch Horn,
mit Waldhörnern und Posaunen,
mit Flügelhörnern und Trompeten.
Lobt ihn
mit Bratschen und Violoncelli,
mit Klavieren und Pianolen.
Lobt ihn
mit Blues und Jazz
und Sinfonieorchestern,
mit den Spirituals der Neger
und der Fünften von Beethoven,
mit Gitarren und Xylofonen.
Lobt ihn
mit Plattenspielern und Tonbändern.
Alles was atmet,
lobe den Herrn,
jede lebendige Zelle.
Halleluja!

Ernesto Cardenal

Die Seligpreisungen

Selig, die arm sind vor Gott; denn ihnen gehört das Himmelreich. Selig die Trauernden; denn sie werden getröstet werden. Selig die Sanftmütigen; denn sie werden das Land erben. Selig, die hungern und dürsten nach der Gerechtigkeit; denn sie werden gesättigt werden. Selig die Barmherzigen; denn sie werden Erbarmen finden. Selig, die rein sind im Herzen; denn sie werden Gott schauen. Selig, die Frieden stiften; denn sie werden Kinder Gottes genannt werden. Selig, die verfolgt werden um der Gerechtigkeit willen; denn ihnen gehört das Himmelreich. Selig seid ihr, wenn man euch schmäht und verfolgt und alles Böse über euch redet um meinetwillen. Freut euch und jubelt: Denn euer Lohn wird groß sein im Himmel. So wurden nämlich schon vor euch die Propheten verfolgt.
Mt 5,3-12

Seligpreisungen

Selig,
die Verständnis zeigen
für meinen stolpernden Fuß und
meine lahme Hand.

Selig,
die begreifen, dass mein Ohr
sich anstrengen muss, um alles aufzunehmen, was man zu mir spricht.

Selig,
die zu wissen scheinen,
dass meine Augen trüb und meine
Gedanken träge sind.

Selig,
die mit freundlichem Lachen ver-
weilen, um ein wenig mit mir zu
plaudern.

Selig,
die niemals sagen:
„Das haben Sie mir heute schon
zweimal erzählt."

Selig,
die es verstehen,
Erinnerungen an frühere Zeiten in
mir wachzurufen.

Selig,
die mich erfahren lassen,
dass ich geliebt, geachtet und nicht
allein gelassen bin.

Selig,
die in ihrer Güte die Tage,
die mir noch bleiben, erleichtern.

Aus Afrika

Die neuen Seligpreisungen

Die Seligpreisungen sind in gewisser Weise der Personalausweis des Christen, der ihn als Anhänger Jesu ausweist. Wir sind berufen, Selige zu sein, Anhänger Jesu, indem wir den Leiden und Ängsten unserer Zeit mit der Gesinnung und der Liebe Jesu begegnen. So könnten wir auf neue Situationen hinweisen, die in neuer und stets gegenwartsbezogener Gesinnung zu leben sind:

Selig, die im Glauben das Böse ertragen, das andere ihnen antun, und von Herzen verzeihen;

selig, die den Ausgesonderten und an den Rand Gedrängten in die Augen schauen und ihnen Nähe zeigen;

selig, die Gott in jedem Menschen erkennen und dafür kämpfen, dass andere auch diese Entdeckung machen; selig, die das „gemeinsame Haus" schützen und pflegen;

selig, die zum Wohl anderer auf den eigenen Wohlstand verzichten;

selig, die für die volle Gemeinschaft der Christen beten und arbeiten …

Sie alle sind Überbringer der Barmherzigkeit und der Zärtlichkeit Gottes und werden sicher von ihm den verdienten Lohn erhalten.

Papst Franziskus

Seligpreisungen

Selig,
die das Interesse des anderen
lieben wie ihr eigenes -
denn sie werden Frieden und Einheit stiften.
Selig,
die immer bereit sind,
den ersten Schritt zu tun
denn sie werden entdecken,
dass der andere viel offener ist,
als er es zeigen konnte.

Selig,
die nie sagen: Jetzt ist Schluss! -
denn sie werden den neuen Anfang finden.

Selig,
die erst hören und dann reden -
denn man wird ihnen zuhören

Selig,
die das Körnchen Wahrheit in jedem
Diskussionsbeitrag heraushören -
denn sie werden integrieren
und vermitteln können.

Selig,
die ihre Position nie ausnützen
denn sie werden geachtet werden.

Selig,
die nie beleidigt oder enttäuscht sind;
denn sie werden das Klima prägen.

Selig,
die unterliegen und verlieren können;
denn der Herr kann dann gewinnen.

Klaus Hemmerle, Bischof von Aachen

Seligpreisungen der Kleinen Schwestern

Selig die, die über sich selbst lachen können,
denn sie werden immer genug Unterhaltung haben.

Selig die, die einen Berg von einem Maulwurfshügel
unterscheiden können,
denn es wird ihnen eine Menge Ärger erspart bleiben.

Selig die, die schweigen und zuhören können,
denn sie werden dabei Neues lernen.

Selig die, die intelligent genug sind, um sich selbst nicht
zu ernst zu nehmen,
denn sie werden von ihrer Umgebung geschätzt werden.

Selig die, die aufmerksam sind für den Anruf der anderen,
ohne sich jedoch für unersetzlich zu halten,
denn sie werden Freude säen.

Selig seid ihr, wenn ihr es versteht, die kleinen Dinge ernst und die ernsten Dinge ruhig anzusehen,
denn ihr werdet im Leben weiter kommen.

Selig seid ihr, wenn ihr lächeln könnt und kein böses Gesicht macht,
denn euer Weg wird sonnenbeschienen sein.

Die kleinen Schwestern des Charles de Foucauld, Paris

Reichtum und Nachfolge

Und siehe, da kam ein Mann zu Jesus und fragte: Meister, was muss ich Gutes tun, um das ewige Leben zu gewinnen? Er antwortete: Was fragst du mich nach dem Guten? Nur einer ist der Gute. Wenn du aber in das Leben eintreten willst, halte die Gebote! Darauf fragte er ihn: Welche? Jesus antwortete: Du sollst nicht töten, du sollst nicht die Ehe brechen, du sollst nicht stehlen, du sollst kein falsches Zeugnis geben; ehre Vater und Mutter! Und: Du sollst deinen Nächsten lieben wie dich selbst! Der junge Mann erwiderte ihm: Alle diese Gebote habe ich befolgt. Was fehlt mir noch? Jesus antwortete ihm: Wenn du vollkommen sein willst, geh, verkauf deinen Besitz und gib ihn den Armen; und du wirst einen Schatz im Himmel haben; und komm, folge mir nach! Als der junge Mann das hörte, ging er traurig weg; denn er hatte ein großes Vermögen. Da sagte Jesus zu seinen Jüngern: Amen, ich sage euch: Ein Reicher wird schwer in das Himmelreich kommen. Nochmals sage ich euch: Leichter geht ein Kamel durch ein Nadelöhr, als dass ein Reicher in das Reich Gottes gelangt. Als die Jünger das hörten, gerieten sie ganz außer sich vor Schrecken und sagten: Wer kann dann noch gerettet werden? Jesus sah sie an und sagte zu ihnen: Für Menschen ist das unmöglich, für Gott aber ist alles möglich.
Mt 19,16-26

mit mammon freunde machen sonst nichts

mein gott
ja
ein guter kerl ist er

da kann man nichts sagen
er will das gute
tötet nicht
stiehlt nicht
(wenigstens nicht nach dem gesetze)
hält seine eltern in ehren
seine frau auch
betrügt sie nicht mit der magd
(oder nur mit schlechtem gewissen
bereut es
bittet um verzeihung
gott und die frau)
und falsches zeugnis
meineid und lüge
sind nicht seine sache

da sagt dieser jesús
nur eins fehlt noch
verkauf deinen reichtum
deinen vorteil
deine privilegien
dein haus am see
mit dem privatufer
dem privatbad
der privatanlegestelle
und was du dafür kriegst
gib es den armen
damit die was anfangen damit
um aus ihrer armut herauszukommen

dann geh mit mir
und nach einer pause
dann gehst du bereits mit mir
hast einen schatz
der nicht rostet
im himmel
mottensicher
lachend

das war zu viel für den guten kerl
der war traurig und ging
denn er hatte zu viel

aber sie können das fragen nicht lassen
rechtfertigung wär' das einzige
was fehlt in der rechnung
dass sie aufgeht
und als er ihn trifft
ganz allein
auf der straße von petrolandia nach ibimirim
fragt er ihn
was soll ich machen nach deiner meinung
jesús
von seinem pferd herunter
der patron
von oben nach unten
du bist ein kluger mann
der nicht lügt
sag's

das ist eigentlich ganz einfach
sagt jesús
mach dir freunde mit dem ungerechten geld
gib's her
setz es ein
lass es zinsen bringen den zinslosen
für saatgut und brunnen
entpachte dein land
übertrag es gerecht

der herr macht arm und macht reich
sagt der von oben nach unten
das alte gesetz ist nicht aufgehoben

nur weißt du nicht
sagt jesús
ob dein geld vom herrn kommt oder von den armen
das ist es
du rühmst dich zu viel deiner tüchtigkeit
dein herz hängt zu sehr dran
und den ersten platz hast du nie ausgeschlagen
auch ehrerbietung
gezogener hut und in der tür stehen lassen
wenn einer mit dir redet
ist dir kein gräuel
und wenn du kirchenfenster stiftest
dann legst du wert darauf
deinen namen im fenster zu finden
unten
wo man's noch lesen kann
am besten in englisch

DONATED BY
damit es die fremden auch lesen können
die leute von hier wissen es so
denen wird's ja ausgeläutet
wenn sie die pacht zahlen
die schulden abstottern
die heiden genießen sowas

wer kann ihnen arbeit geben
wenn nicht ich
sagt der von oben nach unten aus dem sattel

jaja
sagt jesús
so ist es
tüchtig bist du
das hast du vom vater
wer andere kleinhält
wächst schnell
aber denke zurück
mein freund
am anfang eines jeden geschäfts
am anfang allen gewinns
allen vorteils
steht einer
der schneidet schlecht ab
verliert
und trägt den nachteil nach hause
aber was du erworben
verwelkt
kein noch so schöner segen

hält deinen reichtum frisch
was die motten übrig lassen
das fault
weil der betrug das wort verschüttet
und zwei herren sich schlecht dienen lässt
der geldgott ist eure erfindung
drum sage ich dir
wenn du schon fragst
schwer ist's für einen wie dich
in den himmel zu kommen
ich sage nur
schwer
nicht mehr und nicht weniger

du hast deinen trost schon
du weißt es
den schatz und die perle und die vielen klamotten
die nicht durchs nadelöhr gehen
das konto
die halsabschneiderpacht
deine rinder im mais der armen
du weißt es
eher geht dein Gaul durch
der hat nur
was er braucht
als du mit all deinem krempel
den du nicht brauchst

da ist der mann traurig
von oben nach unten
denn er mag diesen jesús

er hört ihn gerne reden
er ist sich sogar sicher
dass er
im grunde
versteht sich
recht hat
aber verdammt nochmal
der hat nichts zu verschenken
ich
ich bin reich
denkt der vom gaul herab
sieht ihn noch einmal an
immer noch traurig
er möcht' ihn zum freund haben
weiß aber schon
wie gefährlich das ist
was er daherredet
er gibt seinem pferde die sporen
sicher
die sache mit den freunden noch einmal zu besprechen

dem fällt man bedingungslos zu
oder lässt ihn fallen
wie eine heiße kartoffel diesen jesús

Kurtmartin Magiera

Das Gleichnis von den Arbeitern im Weinberg

Denn mit dem Himmelreich ist es wie mit einem Gutsbesitzer, der früh am Morgen hinausging, um Arbeiter für seinen Weinberg anzuwerben. Er einigte sich mit den Arbeitern auf einen Denar für den Tag und schickte sie in seinen Weinberg. Um die dritte Stunde ging er wieder hinaus und sah andere auf dem Markt stehen, die keine Arbeit hatten. Er sagte zu ihnen: Geht auch ihr in meinen Weinberg! Ich werde euch geben, was recht ist. Und sie gingen. Um die sechste und um die neunte Stunde ging der Gutsherr wieder hinaus und machte es ebenso. Als er um die elfte Stunde noch einmal hinausging, traf er wieder einige, die dort standen. Er sagte zu ihnen: Was steht ihr hier den ganzen Tag untätig? Sie antworteten: Niemand hat uns angeworben. Da sagte er zu ihnen: Geht auch ihr in meinen Weinberg! Als es nun Abend geworden war, sagte der Besitzer des Weinbergs zu seinem Verwalter: Ruf die Arbeiter und zahl ihnen den Lohn aus, angefangen bei den Letzten, bis hin zu den Ersten! Da kamen die Männer, die er um die elfte Stunde angeworben hatte, und jeder erhielt einen Denar. Als dann die Ersten kamen, glaubten sie, mehr zu bekommen. Aber auch sie erhielten einen Denar. Als sie ihn erhielten, murrten sie über den Gutsherrn und sagten: Diese Letzten haben nur eine Stunde gearbeitet und du hast sie uns gleichgestellt. Wir aber haben die Last des Tages und die Hitze ertragen. Da erwiderte er einem von ihnen: Freund, dir geschieht kein Unrecht. Hast du nicht einen Denar mit mir vereinbart? Nimm dein Geld und geh! Ich will dem Letzten ebenso viel geben wie dir. Darf ich mit dem, was mir gehört, nicht tun, was ich will? Oder ist dein Auge böse, weil ich gut bin? So werden die Letzten Erste sein und die Ersten Letzte.
Mt 20,1-16

Die Arbeiter

Und Jesus erzählte die Geschichte von einem Gutsherrn. „Ja", sagte er, „da war ein Gutsherr, der verließ früh am Morgen sein Haus, um Arbeiter für seinen Weinberg anzuwerben. Bald fand er einige, die bereit waren. Und nachdem er mit ihnen einen Denar als Tageslohn vereinbart hatte, wie es üblich war, schickte er sie zur Arbeit in seinen Weinberg. Um die dritte Stunde, das ist so viel wie 9 Uhr am Morgen, traf er auf dem Markt andere, die noch keine Arbeit gefunden hatten. ‚Geht auch ihr in meinen Weinberg', sagte er ihnen, ‚ich werde euch geben was recht ist.' Und sie gingen an die Arbeit. Um die sechste und neunte Stunde, also um 12 und um 3 Uhr, ging er wieder hinaus, und wieder schickte er die Arbeitsuchenden in seinen Weinberg. Am späten Nachmittag, also um 5 Uhr, zur elften Stunde, begegnete er weiteren Männern, die am Marktplatz standen: ‚Was steht ihr untätig hier herum?' fragte er. ‚Niemand hat uns Arbeit gegeben', sagten sie. Da hieß er auch sie in seinen Weinberg gehen.
Als nun der Abend kam, trug der Gutsherr seinem Verwalter auf: ‚Rufe jetzt die Leute zusammen, zahle ihnen den Lohn aus. Und bedenke wohl: Einige waren den ganzen Tag über fleißig, andere haben erst am Nachmittag angefangen, und ein paar haben nur eine einzige Stunde gearbeitet. Rechne das genau aus und gib jedem den Lohn, der ihm zusteht, je nach der Leistung, die er erbracht hat!'
Da erhielten die, die am Morgen schon im Weinberg angefangen hatten, den vereinbarten Denar, die anderen entsprechend weniger. Der Lohn wurde ganz gerecht ausbezahlt, und so waren alle zufrieden. Freilich sprang für die, die nur eine einzige Stunde beschäftigt waren, so wenig heraus, dass sie davon nicht einmal ein Brot kaufen konnten, um ihrer Familie daheim ein

karges Essen zu bereiten. Da sagte einer der Arbeiter, die für die Arbeit eines ganzen Tages mit einem Denar entlohnt worden waren: ‚Jetzt soll sich zeigen, was wir Arbeiter unter Solidarität verstehen und dass unserer Meinung nach nicht die Arbeitsleistung, sondern der Mensch gilt. Ich schlage deshalb vor: Wir legen alle zusammen. Und dann soll jeder von uns den gleichen Anteil erhalten! Das fanden alle richtig. Und sie teilten, was sie hatten. Und jeder erhielt genau den gleichen Betrag. Das sprach sich alsbald herum in der kleinen Stadt. Natürlich gab es böses Blut, und manche sagten: ‚So geht das nicht! Wo kommen wir denn hin, wenn die letzten den ersten gleichgestellt werden? Wenn die Leistung nichts mehr gilt?' Und da sprachen die Arbeiter: ‚Wir wollen, dass alle gleich viel haben, die Letzten genauso viel wie die Ersten. Oder dürfen wir mit unserem Geld nicht machen, was wir wollen? Seid ihr neidisch, weil wir gut sind zueinander und Solidarität üben?'"
Und Jesus schloss seine Erzählung mit den Worten: „Seht ihr, so, genau so wird es im Himmel Gottes sein: Da sind die Letzten zusammen mit den Ersten. Und alle werden wie Brüder sein und Söhne eines einzigen Vaters!"

Lothar Zenetti

Das Gleichnis von den klugen und den törichten Jungfrauen

Dann wird es mit dem Himmelreich sein wie mit zehn Jungfrauen, die ihre Lampen nahmen und dem Bräutigam entgegengingen. Fünf von ihnen waren töricht und fünf waren klug. Die Törichten nahmen ihre Lampen mit, aber kein Öl, die Klugen aber nahmen mit ihren Lampen noch Öl in Krügen mit. Als nun der Bräutigam lange nicht kam, wurden sie alle müde und schliefen ein. Mitten in der Nacht aber erscholl der Ruf: Siehe, der Bräutigam! Geht ihm entgegen! Da standen die Jungfrauen alle auf und machten ihre Lampen zurecht. Die törichten aber sagten zu den klugen: Gebt uns von eurem Öl, sonst gehen unsere Lampen aus! Die Klugen erwiderten ihnen: Dann reicht es nicht für uns und für euch; geht lieber zu den Händlern und kauft es euch! Während sie noch unterwegs waren, um es zu kaufen, kam der Bräutigam. Die Jungfrauen, die bereit waren, gingen mit ihm in den Hochzeitssaal und die Tür wurde zugeschlossen. Später kamen auch die anderen Jungfrauen und riefen: Herr, Herr, mach uns auf! Er aber antwortete ihnen und sprach: Amen, ich sage euch: Ich kenne euch nicht. Seid also wachsam! Denn ihr wisst weder den Tag noch die Stunde.
Mt 25,1-13

Zehn Mädchen – Entwirrungsversuche

Da saßen die dummen Jungfrauen, saßen vor der verschlossenen Tür – sie achteten nicht auf ihre langen weißen Kleider und den Blumenkranz im Haar, setzten sich auf den Boden, starrten ins Licht ihrer Kerzen, unfähig, ihr missliches Geschick zu begreifen.

Was war nur schuld daran, dass sie die Gelegenheit ihres Lebens verspielt hatten? Die erste sagte: Schuld sind die Frauen – die haben keine Solidarität untereinander. Wenn es darum geht, einem Mann zu gefallen, dann geben sie einander kein Öl. Hätten wir zusammengehalten, der Bräutigam hätte uns mitnehmen müssen.

Nein, sagte die zweite: Schuld ist die Erziehung. Die hat bei uns den Perfektionskomplex gezüchtet. Das wäre ja auch ohne Lampe gegangen, aber man hatte uns eingebläut, dass eine Ehrenjungfer unbedingt ihre Lampe haben müsse.

Und die dritte sagte: Schuld ist der Gauner von Händler. Der hat gemerkt, dass wir in Not waren, und hat den Ölpreis schamlos hinaufgesetzt. Hätten wir uns nicht um den Preis streiten müssen, wir wären schon längst wieder zurückgewesen.

Schuld, sagte die vierte, ist der Bräutigam, der hätte doch sehen müssen, dass er noch gar nicht die rechten Jungfrauen bei sich hatte, der nahm vorlieb mit diesen Musterschülerinnen.

Die fünfte sagte: Schuld seid ihr. Mir hätte es nichts ausgemacht zu warten, aber ihr hattet die blöde Idee, zum Händler zu laufen. Das nun ließen die andern nicht auf sich sitzen. Sie fuhren ihr und einander gegenseitig in die Haare und begannen sich fürchterlich zu raufen.

Inzwischen waren aber auch dem Bräutigam Bedenken gekommen. Er merkte, dass er vorhin doch ein bisschen zu streng gewesen war. Und er schickte den Diener, die fünf späten Jungfrauen zu suchen und hereinzubitten. Der öffnete das Tor, aber da sah er keine Ehrenjungfrauen mehr, sondern einen wilden Knäuel von keifenden Weibern, die auf einem Haufen lagen, wie Schlangen ineinander verschlungen, beißend und kratzend.

Da erfasste den Diener ein Schauder, und er schloss rasch wieder das Tor, weil ihm angst und bange geworden war. Und er sagte zu dem Herrn: Draußen herrscht Heulen und Zähneknirschen.

Das kurze Zwischenspiel war aber auch den Jungfrauen im Saal nicht verborgen geblieben. Als sie merkten, dass ihre Kolleginnen doch noch hereinsollten, legten auch sie los: Mit solchen liederlichen Weibern wollten sie nichts zu tun haben. Sie keiften ganz fürchterlich, und nicht lange, da lagen auch sie sich in den Haaren.

Der Bräutigam verstand nicht mehr, was er angerichtet hatte, er merkte nur, dass er etwas falsch gemacht hatte. Er dachte, es wird jedenfalls besser sein, wenn ich nun das Tor öffne. Da brachen die drinnen den Kampf ab und begannen zu weinen. Und es kamen die von draußen, still gebeugt und zückten ebenfalls ihre Taschentücher. Das Weinen war allgemein und kaum zu stillen, denn der Bräutigam verstand es gut, sich jeder Jungfrau zuzugesellen und ihr Trost zuzusprechen. Endlich hatte die erste sich ausgeweint und mit einigen Seufzern ihr Taschentuch versorgt, die zweite schloss sich an. Wieder setzte die Musik ein. Und als sich alle kurz zurückgezogen und zurechtgemacht hatten, konnte das Fest in großer Fröhlichkeit gefeiert werden.

Josef Osterwalder

Das Mahl

Während des Mahls nahm Jesus das Brot und sprach den Lobpreis; dann brach er das Brot, reichte es den Jüngern und sagte: Nehmt und esst; das ist mein Leib. Dann nahm er den Kelch, sprach das Dankgebet, gab ihn den Jüngern und sagte: Trinkt alle daraus; das ist mein Blut des Bundes, das für viele vergossen wird zur Vergebung der Sünden. Ich sage euch: Von jetzt an werde ich nicht mehr von dieser Frucht des Weinstocks trinken, bis zu dem Tag, an dem ich mit euch von Neuem davon trinke im Reich meines Vaters.
Mt 26,26-29

Brot-Worte

Jedesmal,
so erinnern sich die Jungen und die Alten,
wenn wir zusammen das Pascha-Mahl feierten,
dann spürten wir, dass wir zusammengehören,
dann hatten wir keine Angst
vor den Herren dieser Welt.

Jedesmal,
so erinnern sich die ganz Alten,
wenn wir von der Hand in den Mund lebten,
als wir durch die Wüste zogen
und das Brot vom Himmel fiel, Manna,

und aus Steinen Wasser quoll, Leben,
dann waren wir unserem Gott am nächsten.

Jedesmal,
so erinnern sich die Jünger Jesu,
wenn wir zusammen Brot brachen
und Wein dazu tranken,
dann war es so, als würden wir uns gegenseitig
das Leben geben,
dann war es so, als schenkten wir uns einem anderen.

Jedesmal,
so erinnern sie sich,
nahm der Geist Gottes von uns
die Angst voreinander und die Fremdheit untereinander.
Einer achtete auf den anderen,
dass er keine Not litte.
So aßen und tranken wir miteinander,
und Gott war mitten unter uns.
Niemand wurde ausgeschlossen.
Keiner stand abseits.

Uwe Seidel

Die Frauen am leeren Grab

Nach dem Sabbat, beim Anbruch des ersten Tages der Woche, kamen Maria aus Magdala und die andere Maria, um nach dem Grab zu sehen. Und siehe, es geschah ein gewaltiges Erdbeben; denn ein Engel des Herrn kam vom Himmel herab, trat an das Grab, wälzte den Stein weg und setzte sich darauf. Sein Aussehen war wie ein Blitz und sein Gewand weiß wie Schnee. Aus Furcht vor ihm erbebten die Wächter und waren wie tot. Der Engel aber sagte zu den Frauen: Fürchtet euch nicht! Ich weiß, ihr sucht Jesus, den Gekreuzigten. Er ist nicht hier; denn er ist auferstanden, wie er gesagt hat. Kommt her und seht euch den Ort an, wo er lag! Dann geht schnell zu seinen Jüngern und sagt ihnen: Er ist von den Toten auferstanden und siehe, er geht euch voraus nach Galiläa, dort werdet ihr ihn sehen. Siehe, ich habe es euch gesagt. Sogleich verließen sie das Grab voll Furcht und großer Freude und sie eilten zu seinen Jüngern, um ihnen die Botschaft zu verkünden.
Und siehe, Jesus kam ihnen entgegen und sagte: Seid gegrüßt! Sie gingen auf ihn zu, warfen sich vor ihm nieder und umfassten seine Füße. Da sagte Jesus zu ihnen: Fürchtet euch nicht! Geht und sagt meinen Brüdern, sie sollen nach Galiläa gehen und dort werden sie mich sehen.
Mt 28,1-10

Am Ostermorgen

Mir ist ein Stein
vom Herzen genommen:
Meine Hoffnung
die ich begrub

ist auferstanden
wie er gesagt hat
er lebt er lebt
er geht mir voraus!

Ich fragte:
Wer wird mir
den Stein wegwälzen
von dem Grab
meiner Hoffnung
den Stein
von meinem Herzen
diesen schweren Stein?

Mir ist ein Stein
vom Herzen genommen:
Meine Hoffnung
die ich begrub
ist auferstanden
wie er gesagt hat
er lebt er lebt
er geht mir voraus!

Lothar Zenetti

Das Auftreten des Täufers

Anfang des Evangeliums von Jesus Christus, Gottes Sohn. Wie geschrieben steht beim Propheten Jesaja: Siehe, ich sende meinen Boten vor dir her, der deinen Weg bahnen wird. Stimme eines Rufers in der Wüste: Bereitet den Weg des Herrn! Macht gerade seine Straßen! –, so trat Johannes der Täufer in der Wüste auf und verkündete eine Taufe der Umkehr zur Vergebung der Sünden. Ganz Judäa und alle Einwohner Jerusalems zogen zu ihm hinaus; sie bekannten ihre Sünden und ließen sich im Jordan von ihm taufen. Johannes trug ein Gewand aus Kamelhaaren und einen ledernen Gürtel um seine Hüften und er lebte von Heuschrecken und wildem Honig. Er verkündete: Nach mir kommt einer, der ist stärker als ich; ich bin es nicht wert, mich zu bücken und ihm die Riemen der Sandalen zu lösen. Ich habe euch mit Wasser getauft, er aber wird euch mit dem Heiligen Geist taufen.

Die Taufe Jesu

Und es geschah in jenen Tagen, da kam Jesus aus Nazaret in Galiläa und ließ sich von Johannes im Jordan taufen. Und sogleich, als er aus dem Wasser stieg, sah er, dass der Himmel aufriss und der Geist wie eine Taube auf ihn herabkam. Und eine Stimme aus dem Himmel sprach: Du bist mein geliebter Sohn, an dir habe ich Wohlgefallen gefunden.

Die Versuchung Jesu

Und sogleich trieb der Geist Jesus in die Wüste. Jesus blieb vierzig Tage in der Wüste und wurde vom Satan in Versuchung geführt. Er lebte bei den wilden Tieren und die Engel dienten ihm.

Mk 1,1-13

Markusevangelium

Eine gute Nachricht nimmt ihren Lauf

Gott mitten unter den Menschen (1,1-3)

Das Ende ist absehbar.
Schlechte Nachricht von allen Seiten.
Aber Menschen hoffen trotz allem auf gute Nachricht.
Trauen der Welt einen neuen Anfang zu.
In dieser Hoffnung, mit diesem Vertrauen lesen sie die Schriften der alten Propheten und deuten sie die Zeichen der Zeit.
So erkennen sie in Jesus den Christus Gottes,
erleben den Täufer Johannes als Herold,
der in der Wüste bekannt macht, was uns bevorsteht:
Eine ganze Menschheit auf dem Weg mit Gott,
aus Heimatlosigkeit und Unterdrückung,
durch scheinbar weglose Wildnis,
allen Schwierigkeiten zum Trotz,
findet das Land von Schwesterlichkeit und Brüderlichkeit
und Gott mitten unter den Menschen.

Ein Prophet in der Wüste (1,4-8)

Die Menschen spüren, wie weit sie noch von diesem Land entfernt sind.
Sie, die Herrschaft von Menschen über Menschen
für selbstverständlich halten,
sie, mit ihrer Unfähigkeit zu teilen,
sie, dem andern, der andern eher Wolf
als Bruder und Schwester.
Aber sie stellen sich der traurigen Wirklichkeit,
lassen sich treffen, als einer von ihnen aussteigt,

den Wohlstand fallen lässt,
die harte Wahrheit sagt
und schmerzliche Konsequenzen fordert.
Sie strömen hinaus in die Wüste zu Johannes, gestehen ihm und sich, was mit ihnen los ist, und sind bereit, einen neuen Weg zu versuchen.
Johannes macht ihnen Mut, sich durch ein Zeichen zu binden.
Sie steigen zu ihm in den Jordan,
lassen sich von ihm untertauchen.
All ihre Belastungen und Verwundungen,
ihre Verkehrtheit und Sünde sollen untergehen in der Flut,
und sie tauchen empor,
voll Hoffnung auf Heil und Leben von Gott her.

Offener Himmel (1,9-11)
Einer, dem das Unheil in der Welt keine Ruhe lässt;
ist Jesus aus Nazaret.
Aus dem fernen Galiläa ist er gekommen,
um vor dem Täufer seine Sehnsucht nach Heil für alle
zu bekennen.
Als einer von vielen lässt er sich von Johannes untertauchen;
und als er auftaucht aus der Flut,
macht er blitzartig eine Erfahrung,
die ihn von allen unterscheidet:
Der Himmel öffnet sich über ihm,
Geist Gottes kommt auf ihn herab,
eine Vision von der Gegenwart Gottes,
mit menschlichen Worten keinem anderen mitzuteilen.
Und deutlich für ihn die Stimme:

Was dich bewegt, was in dir lebt, was dich unbedingt angeht, ist Licht vom Licht, Gottes eigener Traum, Gott mit den Menschen;
wer Sinn sucht, Leben, das gelingt,
eine Hand, die nicht fallen lässt,
kann an dir nicht vorbeigehn.
Denn Gott erkennt sich wieder in dir.

Vierzig Tage in der Wüste (1,12-13)
Was seit Jahrhunderten Glaubensverständnis des Volkes Israel war, soll ablesbar sein an ihm, Jesus aus Nazaret.
Womit dieses Volk überfordert war, das sollte er leben, er ganz allein, liebenswürdig und unwiderstehlich,
fleischgewordene Gestalt der Zukunft, die Johannes predigte.
Erkenntnis, die staunen macht und lähmen kann,
Anspruch – zu hoch, als dass ein Mensch ihn auch nur denken könnte, Erfahrung, die überwältigt.
Sie reißt ihn aus allen Selbstverständlichkeiten.
Sie treibt ihn in die Wüste.
Am eigenen Leib vollzieht er das Schicksal des Volkes nach.
Seine Zweifel, seine Kämpfe, das immer angefochtene Vertrauen auf Gott. Vierzig Tage lang Versuchung, doch so zu leben wie alle.
Vierzig Tage Einübung eines ganz anderen Lebens.
Vierzig Tage Erfahrung, dass Gott für ihn da ist.

Diethard Zils

Die Antrittsrede in Nazaret

So kam er auch nach Nazaret, wo er aufgewachsen war, und ging, wie gewohnt, am Sabbat in die Synagoge. Als er aufstand, um vorzulesen, reichte man ihm die Buchrolle des Propheten Jesaja. Er öffnete sie und fand die Stelle, wo geschrieben steht: Der Geist des Herrn ruht auf mir; denn er hat mich gesalbt. Er hat mich gesandt, damit ich den Armen eine frohe Botschaft bringe; damit ich den Gefangenen die Entlassung verkünde und den Blinden das Augenlicht; damit ich die Zerschlagenen in Freiheit setze und ein Gnadenjahr des Herrn ausrufe. Dann schloss er die Buchrolle, gab sie dem Synagogendiener und setzte sich. Die Augen aller in der Synagoge waren auf ihn gerichtet. Da begann er, ihnen darzulegen: Heute hat sich das Schriftwort, das ihr eben gehört habt, erfüllt. Alle stimmten ihm zu; sie staunten über die Worte der Gnade, die aus seinem Mund hervorgingen, und sagten: Ist das nicht Josefs Sohn? Da entgegnete er ihnen: Sicher werdet ihr mir das Sprichwort vorhalten: Arzt, heile dich selbst! Wenn du in Kafarnaum so große Dinge getan hast, wie wir gehört haben, dann tu sie auch hier in deiner Heimat! Und er setzte hinzu: Amen, ich sage euch: Kein Prophet wird in seiner Heimat anerkannt. Wahrhaftig, das sage ich euch: In Israel gab es viele Witwen in den Tagen des Elija, als der Himmel für drei Jahre und sechs Monate verschlossen war und eine große Hungersnot über das ganze Land kam. Aber zu keiner von ihnen wurde Elija gesandt, nur zu einer Witwe in Sarepta bei Sidon. Und viele Aussätzige gab es in Israel zur Zeit des Propheten Elischa. Aber keiner von ihnen wurde geheilt, nur der Syrer Naaman. Als die Leute in der Synagoge das hörten, gerieten sie alle in Wut. Sie sprangen auf und trieben Jesus zur Stadt hinaus; sie brachten ihn an den Abhang des Berges, auf

dem ihre Stadt erbaut war, und wollten ihn hinabstürzen. Er aber schritt mitten durch sie hindurch und ging weg.
Lk 4,16-30

Am Tag darauf war Sabbat, und Jeschua ging mit uns in die Synagoge, er hielt sich an die Gesetzesvorschriften.
Wie es üblich war, reichte man dem Gast die Schriftrolle und zeigte ihm, bis wohin man gelesen und wo er fortzufahren hatte, und Jeschua las. Es waren die Worte des Propheten Jeschajahu.
„Der Geist des Höchsten ruht auf mir, der Herr hat mich gesalbt. Er ists, der mich gesandt hat, den Armen frohe Botschaft zu bringen, die Fesseln zu lösen, die Trauernden zu trösten und ein Jobeljahr auszurufen."
Weiter las er nicht.
Er gab die Rolle zurück.
Nun war es an ihm, die Stelle zu deuten.
Er saß eine Weile still, und alle Augen hingen an ihm. Dann fing er an zu sprechen. Was sagte er? Das war nur die Wiederholung des Jeschajahu-Wortes:
Ich bin gesandt, ein Jobeljahr auszurufen.
Wieso klang dieser Satz plötzlich anders, so als ließe eine alte Handschrift eine andre durchscheinen, eine noch ältere? „Ich bin gesandt." Dieses Ich, was war das denn? Die Schriftgelehrten schauten sich beunruhigt an. Er ließ ihnen Zeit nachzudenken. Dann sagte er zum dritten Mal: Ich bin gesandt, ein Jobeljahr auszurufen.
Jetzt hörten sie schon nur mehr dieses ICH.
Und wieder eine Pause.
Da sagte einer der Schriftgelehrten: Du redest vom Jobeljahr.

Jetzt ist aber kein Jobeljahr. Seit dem letzten sind nicht einmal zwanzig Jahre vergangen, bis zum nächsten sinds dreißig.
Du hörst, was ich sage. Es gibt Jobeljahre, die ihr errechnet, und Jobeljahre, die sich euren Rechnungen entziehen.
Sie schüttelten die Köpfe.
Und wer stellt so ein Jobeljahr auf, wenn nicht das Gesetz der Zahl?
Jeschua sagte: Nicht Gesetze bestimmen es, sondern die Not des Volkes.
Einer der Schriftgelehrten sagte: Erklär dich besser. Hast du nicht gesagt, du bist es, der das Jobeljahr ausruft? Mussten wirs so verstehen? Wer aber bist du, dass du das könntest?
Wer ich bin, das werdet ihr später wissen. Was ich ausrufe, ist das Jahr des Heils. Frage an euch: Was geschieht im Jobeljahr?
Als sie nicht gleich antworteten, um nicht etwa unversehens in eine Falle zu geraten, gab er selbst die Antwort:
Das Jobeljahr ist das Jahr der Befreiung der Sklaven, des Erlassens aller Schulden; der Rückgabe gekauften oder enteigneten Landes, der Wiederherstellung der Gerechtigkeit.
Das wissen wir, riefen sie, doch es ist nun einmal kein Jobeljahr.
Recht sagt ihr: Es ist kein Jobeljahr, das Unrecht herrscht, geraubtes Gut wird nicht zurückerstattet, enteignetes Land nicht zurückgegeben, Schulden werden nicht erlassen, Sklaven nicht freigegeben, Besitz wird nicht geteilt. Kein Jobeljahr!
Was machst du uns Vorwürfe? Sind wir etwa schuld, dass kein Jobeljahr fällig ist? Liegts an uns, dass alles schief und krumm ist? Geh doch zu Herodes, geh zu Pilatus, geh zum Hohen Rat! Und überhaupt: Wie trittst du hier auf, als wärst du wer weiß was, du Zimmermannssohn! Stichts dich, den Propheten zu spielen? Oder gar den Messias?
So schrien sie durcheinander.

Da stand Jeschua auf, und es ging etwas aus von ihm, das sie schweigen machte. Er ließ sie eine Weile warten. Sie wussten nicht weiter, sie traten von einem Fuß auf den andern. Schließlich sagte einer, der sehr alt war, seine Stimme zitterte: Sag uns, wer du bist.
Jeschua sagte: Ich bin der, der die Schrift erfüllt, und sie erfüllt sich jetzt.
Ich erschrak. Was meinte er damit? Was war dieses Jetzt? Diese Stunde oder dieser Abschnitt unsrer Geschichte oder ein äonenlanges Jetzt? Und wenn das Jetzt jetzt ist: Was erfüllt sich?
Da ging ihnen auf, was er gesagt hatte, und sie schrien:
Er münzt die Worte des Jeschajahu auf sich! Haben wir doch recht gehört: Ich, der Gesalbte des Herrn. Ich, der die Schrift erfüllt. Unerhörtes Wort.
Einer trat dicht vor Jeschua hin und schrie ihm ins Gesicht: So sags doch rundheraus, wofür du dich hältst! Sag doch: Ich, der Messias. Sag: Ich, der Menschensohn!
Da drängten sich alle gegen ihn und drohten ihm und schoben ihn zur Synagoge hinaus und weiter. Zum Felsen, schrien sie. Der Fels aber war der, von dem man früher Gotteslästerer stürzte. Als wir das begriffen, warfen wir uns zwischen Jeschua und seine Verfolger. Besonders Jehuda war es, der schrie und fluchte und handgreiflich wurde. Da aber wandte Jeschua sich um und blieb stehen, und mit einem Mal wurde es still, und man hörte ihn mit ruhiger Stimme sagen: Was ihr tun wolltet, das werden andre tun zu gegebener Zeit. Ihr aber dankt dem Ewigen, dass er euch vor Blutschuld bewahrte.
Er zog seinen Mantel eng um sich und ging zwischen ihnen hindurch und aus der Stadt hinaus. Niemand folgte uns.

Luise Rinser

Der barmherzige Samariter

Und siehe, ein Gesetzeslehrer stand auf, um Jesus auf die Probe zu stellen, und fragte ihn: Meister, was muss ich tun, um das ewige Leben zu erben? Jesus sagte zu ihm: Was steht im Gesetz geschrieben? Was liest du? Er antwortete: Du sollst den Herrn, deinen Gott, lieben mit deinem ganzen Herzen und deiner ganzen Seele, mit deiner ganzen Kraft und deinem ganzen Denken, und deinen Nächsten wie dich selbst. Jesus sagte zu ihm: Du hast richtig geantwortet. Handle danach und du wirst leben! Der Gesetzeslehrer wollte sich rechtfertigen und sagte zu Jesus: Und wer ist mein Nächster? Darauf antwortete ihm Jesus: Ein Mann ging von Jerusalem nach Jericho hinab und wurde von Räubern überfallen. Sie plünderten ihn aus und schlugen ihn nieder; dann gingen sie weg und ließen ihn halbtot liegen. Zufällig kam ein Priester denselben Weg herab; er sah ihn und ging vorüber. Ebenso kam auch ein Levit zu der Stelle; er sah ihn und ging vorüber. Ein Samariter aber, der auf der Reise war, kam zu ihm; er sah ihn und hatte Mitleid, ging zu ihm hin, goss Öl und Wein auf seine Wunden und verband sie. Dann hob er ihn auf sein eigenes Reittier, brachte ihn zu einer Herberge und sorgte für ihn. Und am nächsten Tag holte er zwei Denare hervor, gab sie dem Wirt und sagte: Sorge für ihn, und wenn du mehr für ihn brauchst, werde ich es dir bezahlen, wenn ich wiederkomme. Wer von diesen dreien meinst du, ist dem der Nächste geworden, der von den Räubern überfallen wurde? Der Gesetzeslehrer antwortete: Der barmherzig an ihm gehandelt hat. Da sagte Jesus zu ihm: Dann geh und handle du genauso!
Lk 10,25-37

Wer ist denn mein Nächster?

Was ich suche,
dachte der junge Mann,
das ist ein Mensch, ein Nächster,
aber ein richtiger,
für den ich mich engagieren kann.

Nicht so einer wie mein Vater,
dieser verknöcherte alte Trottel
mit seinen sogenannten Erfahrungen
und seinem engen Horizont.
Oder die Mutter, diese beschränkte
dumme Kuh, die nicht wagt,
sich endlich zu emanzipieren.
Erst recht nicht die Oma,
überhaupt keiner aus dieser
ganzen beschissenen Familie ...

Nein, schon was Richtiges,
ein Strafentlassener zum Beispiel,
ein Drogenabhängiger oder ein
echt Ausgebeuteter aus der Dritten Welt,
zur Not auch ein Gastarbeiter
oder so was, halt einer, für den man
sich engagieren kann ...

Mit solchen Gedanken beschäftigt,
ging er an einem älteren Herrn vorbei,
sah ihn und dachte: Auch so einer,
der von allem keine Ahnung hat!

Und wusste nicht, dass der, als Lehrer,
wie schon so oft auch heute wieder
gefallen war buchstäblich unter Räuber.
Und ging vorbei und suchte weiter
nach einem Nächsten, dem er
endlich helfen könnte.

Lothar Zenetti

Das Gleichnis vom Festmahl

Als einer der Gäste das hörte, sagte er zu Jesus: Selig, wer im Reich Gottes am Mahl teilnehmen darf. Jesus sagte zu ihm: Ein Mann veranstaltete ein großes Festmahl und lud viele dazu ein. Zur Stunde des Festmahls schickte er seinen Diener aus und ließ denen, die er eingeladen hatte, sagen: Kommt, alles ist bereit! Aber alle fingen an, einer nach dem anderen, sich zu entschuldigen. Der erste ließ ihm sagen: Ich habe einen Acker gekauft und muss dringend gehen und ihn besichtigen. Bitte, entschuldige mich! Ein anderer sagte: Ich habe fünf Ochsengespanne gekauft und bin auf dem Weg, um sie zu prüfen. Bitte, entschuldige mich! Wieder ein anderer sagte: Ich habe geheiratet und kann deshalb nicht kommen. Der Diener kehrte zurück und berichtete dies seinem Herrn. Da wurde der Hausherr zornig und sagte zu seinem Diener: Geh schnell hinaus auf die Straßen und Gassen der Stadt und hol die Armen und die Krüppel, die Blinden und die Lahmen hierher! Und der Diener meldete: Herr, dein Auftrag ist ausgeführt; und es ist immer noch Platz. Da sagte der Herr zu dem Diener: Geh zu den Wegen und Zäunen und nötige die Leute hereinzukommen, damit mein Haus voll wird. Denn ich sage euch: Keiner von denen, die eingeladen waren, wird an meinem Mahl teilnehmen.
Lk 14,15-24

… sie kamen alle. Es wurde ein schönes Fest.

Matthaios sagte: Die Geschichte läuft aber anders, ich kenne sie von den Persern. Die Eingeladenen wollten nicht kommen,

weil sie dem Gastgeber nicht trauten, wer weiß, warum, sie witterten eine Falle vielleicht. Jedenfalls: Sie erschlugen die Boten. Und dann, Aug um Aug, Zahn um Zahn, schickte der Gastgeber andre Boten, und die erschlugen nun ihrerseits diejenigen, welche die ersten Boten erschlagen hatten.
Das ist, sagte Jeschua, nicht meine Geschichte.
Jehuda sagte: Ich verstehe nicht, warum der Mann Leute einlädt, von denen er wissen kann, dass sie nicht kommen. Er ist so töricht wie der Bauer, der Korn auf Felsen sät. Man muss doch die Menschen kennen, man muss mit ihrer Bosheit rechnen. Die Erde ist kein Paradies, wo das Lamm neben dem Löwen schläft.
Ja, sagte Jeschua, man muss die Menschen kennen, du hast recht, Jehuda. Aber was heißt: einen Menschen kennen? Dabei schaute er Jehuda an auf eine Art, die mir einen kalten Schauer über den Rücken jagte, und wir alle fühlten eine Beklemmung wie von Atemnot.
Nur Jehuda allein schien nichts Besonderes zu fühlen. Er sagte trocken: Wissen möchte ich, wie die Geschichte wirklich ausging. Sie hat wohl gar kein Ende. Die Leute von der Straße, die Armen, die Verachteten, hatten durch eine Laune des Reichen einen schönen Abend, sie aßen sich satt, sie tranken Wein statt Wasser. Gut, und dann? Dann wurden sie wieder hinausgeschickt, und alles blieb für sie beim Alten. Die Landlosen blieben ohne Land, die Kranken blieben krank, die Bettler arm. Was ich wissen möchte, ist: Was tat der Reiche nach dem Fest? Darauf nämlich kommts an. Hat er es wiederholt, hat er sein Haus nun immer offen gehalten für die Armen, hat er etwas getan, um der Armut aufzuhelfen? Deine Geschichte, Rabbi, sie macht mir Unbehagen. Soll man vielleicht diesen Reichen loben, weil er einmal gut war? Und seine Güte war nicht einmal gut. Sie ist nichts als Enttäuschung und Rache.

Jehuda, sagte Jeschua, du redest am Kern vorbei, und du weißt das.
Jehuda schwieg verstockt.
Jeschua aber blieb bei der Sache. Es wurde klar, dass er uns eine Wahrheit einhämmern wollte. Aber welche?

Luise Rinser

Das verlorene Schaf

Da erzählte er ihnen dieses Gleichnis und sagte: Wenn einer von euch hundert Schafe hat und eins davon verliert, lässt er dann nicht die neunundneunzig in der Wüste zurück und geht dem verlorenen nach, bis er es findet? Und wenn er es gefunden hat, nimmt er es voll Freude auf die Schultern, und wenn er nach Hause kommt, ruft er die Freunde und Nachbarn zusammen und sagt zu ihnen: Freut euch mit mir, denn ich habe mein Schaf wiedergefunden, das verloren war! Ich sage euch: Ebenso wird im Himmel mehr Freude herrschen über einen einzigen Sünder, der umkehrt, als über neunundneunzig Gerechte, die keine Umkehr nötig haben.
Lk 15,3-7

Die zweite Rettung des Schafes

„Und eines von ihnen hatte sich verirrt …“ (Mt 18,12)

Das hundertste Schaf kam auf abwegige Gedanken.
Das war naheliegend.
Denn es war nicht nur das hundertste, sondern auch das letzte: Keines übersah die Masse einer solchen Herde besser, keines musste sich so sperren und drängen, um noch in die Hürde zu kommen, keines wusste, wie schwer es sein kann, zu einer Herde zu gehören.
Den Berg hinauf wurde es immer wieder abgehängt,
mal musste es stehen bleiben, dann wieder einen Laufschritt einlegen,

angetrieben von den Hunden,
geschlagen vom Stock.
An die Tränke kam es meistens zu spät.
Und da kam ihm plötzlich der Gedanke: Was soll das, so eine Herde,
ich bin ja schließlich ein Individuum.
Das hatte bisher noch nie ein Schaf gedacht: dass es ein Ich haben könnte.
Und damit stand das Schaf außerhalb der Masse seiner Art.
Plötzlich lag es offen vor seinen Augen, wie eine Herde funktioniert, es entdeckte den Herrschaftsmechanismus,
durchschaute die gespielte Freundlichkeit des Hirten, die Keilereien der stärksten Tiere, das aufgeblasene Gehabe der Widder.
Das Schaf, das zum Individuum geworden war, besann sich auf die grundlegenden Schafsrechte, dachte sich eine allgemeine Schafsrechtskonvention aus und beschloss fürs Erste, einmal eine Nacht draußen zu bleiben.
Aber das ging nicht lange gut.
Sein Ausbleiben wurde entdeckt.
Der Hund erriet die Spur und führte den Hirten zum verlorenen Schaf.
Dieses aber sah nicht verloren aus, zeigte sich nicht demütig, sondern begegnete herausfordernd dem Blick des Hirten.
Es stellte mit knappen Sätzen fest, es sei ein Individuum geworden.
Der Schäfer vernahm es verwundert, dann entrüstet. Schließlich hörte er zu. Er nahm das Schaf auf die Schulter und dachte den langen Weg über nach, wie es nun weitergehen solle.
Im Schafsstall wurde das verlorene Tier von ungläubigen Schafsaugen angestarrt.

Und das Schaf schaute frech zurück, es zuckte etwas in seinem Blick, etwas Neues: Das konnte nicht verborgen bleiben.
Es wurde umringt, musste erzählen, was es entdeckt hatte, und jedes einzelne Schaf ging in sich und entdeckte unter einer dicken Kruste von Herdenbewusstsein ebenfalls etwas höchst Seltsames: ein Ich. Im selben Augenblick waren sie keine Herde mehr, keine Masse, keine neunundneunzig oder hundert, sondern lauter Einzelne, Ich neben Ich.
Am andern Morgen blieb der Schäfer lange liegen,
denn die Schafe blökten nicht mehr laut und blöde, wie es Herdentiere tun, und als er aufwachte, begriff er die Verwandlung, die geschehen war. Er merkte, dass die Schafe zu denken begonnen hatten, sie selber sein wollten und den Schäfer nur noch ausnahmsweise brauchten.
Die Hunde waren über Nacht überflüssig geworden,
man konnte sie verkaufen oder den Kindern zum Spielen geben.
Da der Schäfer nun selbst viel freie Zeit hatte,
wurde er immer klüger, und manchmal gab er den Schafen einen guten Rat, den sie dankbar annahmen,
manchmal sprach er auch eine Ermahnung aus, wenn sie allzu sorglos wurden.

Josef Osterwalder

Der Prolog

Im Anfang war das Wort und das Wort war bei Gott und das Wort war Gott. Dieses war im Anfang bei Gott. Alles ist durch das Wort geworden und ohne es wurde nichts, was geworden ist. In ihm war Leben und das Leben war das Licht der Menschen. Und das Licht leuchtet in der Finsternis und die Finsternis hat es nicht erfasst. Ein Mensch trat auf, von Gott gesandt; sein Name war Johannes. Er kam als Zeuge, um Zeugnis abzulegen für das Licht, damit alle durch ihn zum Glauben kommen. Er war nicht selbst das Licht, er sollte nur Zeugnis ablegen für das Licht. Das wahre Licht, das jeden Menschen erleuchtet, kam in die Welt. Er war in der Welt und die Welt ist durch ihn geworden, aber die Welt erkannte ihn nicht. Er kam in sein Eigentum, aber die Seinen nahmen ihn nicht auf. Allen aber, die ihn aufnahmen, gab er Macht, Kinder Gottes zu werden, allen, die an seinen Namen glauben, die nicht aus dem Blut, nicht aus dem Willen des Fleisches, nicht aus dem Willen des Mannes, sondern aus Gott geboren sind. Und das Wort ist Fleisch geworden und hat unter uns gewohnt und wir haben seine Herrlichkeit geschaut, die Herrlichkeit des einzigen Sohnes vom Vater, voll Gnade und Wahrheit. Johannes legt Zeugnis für ihn ab und ruft: Dieser war es, über den ich gesagt habe: Er, der nach mir kommt, ist mir voraus, weil er vor mir war. Aus seiner Fülle haben wir alle empfangen, Gnade über Gnade. Denn das Gesetz wurde durch Mose gegeben, die Gnade und die Wahrheit kamen durch Jesus Christus. Niemand hat Gott je gesehen. Der Einzige, der Gott ist und am Herzen des Vaters ruht, er hat Kunde gebracht.
Joh 1,1-18

wir wollen heute
einmal dem wort nachgehen
das da in jesus fleisch geworden ist

das wort von dem es heißt
beim evangelisten johannes

im anfang war das wort
und das wort ist bei gott
und gott ist das wort

das wort
das auf unserer zunge ist

der chinesische weise lao tse
wurde von staatsmännern
gefragt
was man tun müsse
um einen staat
zu erneuern

da sagte der weise
man muss
die sprache wiederherstellen
man muss die sprache reinigen
man muss sehen
ob die worte stimmen
ob die worte das sagen
was sie zu sagen vorgeben

da sagten die politiker zum weisen
hast du uns nicht richtig verstanden
wir haben gefragt
was man tun müsse um den staat
zu erneuern

doch doch ich habe richtig verstanden
die worte richtig stellen
denn am anfang von allem
auch am anfang eines staatswesens
ist die sprache das wort
nichts ist richtig
ohne das richtige wort
alles wird leer
wenn die worte leer sind

und nur so klappern
das richtige wort
das wort ganz nahe bei gott
ist in betlehem geboren
allerdings überhaupt nicht erkannt
geboren auf stroh
auf dem leeren stroh unserer worte
und schließlich sogar
mit unseren worten umgebracht

es erbarme sich unser
der barmherzige gott
dessen erbarmen in jesus
in seinem wort
in seinem leben

zur sprache kam
in einer welt
ohne erbarmen
zur sprache kam

es erbarme sich unser
der barmherzige gott
er verzeihe uns
unsere worte
unsere leeren
unsere finsternis verbreitenden
unsere giftigen worte
und führe
uns über eine neue sprache
zu einem neuen leben
amen!

Wilhelm Willms

Die Stunde Jesu: Leiden, Tod und Auferstehung

Josef aus Arimathäa war ein Jünger Jesu, aber aus Furcht vor den Juden nur im Verborgenen. Er bat Pilatus, den Leichnam Jesu abnehmen zu dürfen, und Pilatus erlaubte es. Also kam er und nahm den Leichnam ab.
Joh 19,38

Was soll man davon halten, dass es heißt, er lebe?

Ostern: Josef aus Arimathia vor dem leeren Grab
Erstaunliches höre ich. Ein Bote des mir befreundeten Ben Choreb brachte die Nachricht soeben in die Stadt. Ich hatte ein Bad genommen, wie ich es stets tue, um mit ausgeruhter, gereinigter Kraft das Tagewerk zu beginnen, da stürzte der Bote in den Hof. Dem Türhüter, der ihm die Botschaft abnehmen wollte, verweigerte er jede Auskunft. „Dies", rief er, „ist nicht für deine Ohren! Wo ist der Herr?" Nun also, er hatte es auf mich abgesehen – was konnte es demnach anderes sein als etwas Erschreckendes?
Ich gestehe, dass ich, am Spiegel vorübereilend, mein Gesicht bleich fand. Als ich den Vorhang zur Seite zog, zitterten die Hände. Ich zögerte, ich suchte mich zu sammeln, dann winkte ich den Burschen herein.
Nun gut, ich weiß jetzt, dass es sich um das Grab handelt. Und ich werde wohl nicht zur Ruhe kommen, bis diese undurchsichtige, fast beängstigende Sache geklärt ist.

Aber wird sie sich jemals klären lassen? Welche Gewalten gehen da über mich hinweg, über diesen gewiss gutwilligen, jedoch nur am Rande beteiligten Josef aus Arimathia, von dem ich nicht mal genau weiß, aus welchen unerfindlichen Gründen er sich jene großartige, in den Fels gehauene Grabstätte herrichten ließ. Doch nicht aus Prahlerei? Nicht aus lachhafter Zurschaustellung seines Reichtums? Nicht weil er etwa krank gewesen wäre, ein vom Tod Gezeichneter – aus Vorsorge also, wie dies bei solcher Bewandtnis einem rechtschaffenen Verwalter des ihm anvertrauten Gutes zukäme? Oder womöglich seinem philosophischen Kopf zuliebe, der sich nicht scheut, auf der Höhe seines Lebens die ihm gesteckte Zeitlichkeit ins Auge zu fassen? War es so? War es nicht vielmehr umgekehrt? Besinne dich, Josef – du, der du nach dem Erzvater benannt bist, dessen Gebeine man in einer Lade aufbewahrte, um sie desto leichter aus Ägyptenland forttragen zu können –, was bewog dich, dieses dein Grab so felsenfest und unwiderstehlich zu machen? War es nicht die Angst, die nackte, schlotternde Angst? Und die hinterhältige Hoffnung, der Tod könne, da du ihm solch großartige Wohnung bauest, dir seinerseits Reverenz erweisen, in dem er dich verschont?

Hatte er nicht bereits gelächelt?

War dieses kostbare Grab also ein Versuch, die Furcht zu überspielen? Macht es in seiner Leere nicht den Eindruck des Entbehrlichen, des noch lange nicht Benötigten? Wer so sorgsam vorbereitet, will er nicht dieser Sache ledig sein? Sie verbannen aus seinen Gedanken?

Besinne dich, Josef. Wie ungeschmälert fühltest du dich, als du den immerhin seltsamen Entschluss fasstest. Die Planung machte dir, trotz des Baumeisters Stirnrunzeln, ungewöhnlichen Spaß. Dieses Wort ist womöglich fehl am Platze, doch entspricht es genau deiner damaligen Gemütsverfassung. Fast schien es, als hättest du den heimlichen Schrecken, der dich mitunter befiel, entwaffnet. Beschwingt gingst du deinen Geschäften nach. Wie andere sich einen Pavillon bauen, ein Gartenhaus oder sonst ein Refugium, so plantest du diese Gruft, ihre Lage nahe der Stadt, ihre in den Fels gehauene Wölbung, den gemauerten Grund, das weite, doch leicht verschließbare Portal.

Man sah dich oft die Bauarbeiten beaufsichtigen. Das Reittier bandest du an die Sykomore, dann saßest du im Schatten, und, gestehe es, ein ruhiges Behagen erfasste deine Sinne. Du erfreutest dich bester Gesundheit. Deine Besitztümer warfen mehr ab, als du brauchtest. Deine Weiber, deine Kinder, sie erquickten dein Herz, den Freunden warst du ein verlässlicher Freund. Josef aus Arimathia, ein Mann auf der Höhe seines Lebens – was konnte er Besseres tun, als freiwillig demjenigen Tribut zu zollen, dem er trotz allem untertan war? Und, dieser, der Unbezwingliche, hatte er nicht bereits gelächelt und genickt? Sah es nicht ganz so aus, als würde er sich mit diesem Erweis der Unterwerfung zufriedengeben? Die Sache war in Ordnung, wie es schien.

Oder nicht? Warum musste vor acht Monaten Eli, das Söhnchen der dritten Frau, sterben? Gewiss, ein kleines, ungezähltes Kind, doch sein plötzliches Dahinschwinden war nicht aufzuhalten, auch durch jenen Mann aus Nazaret nicht, dem ich mich anschloss, weil er das Lachen der Unmündigen höher einschätzte als die Sätze der Synagogenlehrer. Jedes seiner Worte bewahrte ich in mir auf, die königlichen, die prophetischen, die praktischen, besonders diese, die für den täglichen Gebrauch bestimmt sind. Ich war dabei, als er in Jerusalem einzog. Ich hegte die gleiche Hoffnung, die auch das jubelnde Volk erfüllte: ein Großer, der da kommt im Namen des Herrn! Ein Unwiderstehlicher, ein Retter für uns alle! Ich trieb mich in den Höfen herum, wo er Quartier nahm. Fast setzte ich meinen Ruf aufs Spiel, die Mägde blickten mir misstrauisch nach, doch ich wollte ihn nicht aus dem Auge lassen.

War es tröstlich, was ich erfuhr? Ach, selbst dieser, der, wie man weiß, die Tochter des Vorstehers Jairus von den Toten erweckte, schien jetzt nur an Trennung und Abschied zu denken. Dunkle, vom Schmerz der Verlassenheit erfüllte Worte gingen im Kreise der Jünger um. „Meine Seele ist betrübt bis an den Tod“, dies soll er in jenem Garten gesagt haben, der am Ölberg liegt.

Ich wollte das Grab los sein

Ich erschrak. Ich konnte es nicht hindern, dass ich unruhige Träume bekam. Auch ertappte ich mich dabei, dass ich nicht wie sonst, wenn ich die Stadtmauer hinter mir ließ, einen Aufenthalt im Schatten der Sykomore nahm, dicht an der Grabstätte. Ich mied diesen Ort – nein, das offene Gewölbe wollte ich nicht sehen, sein Anblick machte mich schaudern. War es so, dass man auch in der Gefolgschaft dieses Mannes nicht sicher sein konnte? Ich weiß, die Leute rätseln darüber, was mich bewog, dem Hingerichteten die Gruft zur Verfügung zu stellen, einem Menschen, dessen Sendung offensichtlich gescheitert war. Die Wahrheit ist: Ich wollte das Grab los sein. Der Übermut, es geplant und gebaut zu haben, reute mich. Ohne langes Nachdenken ergriff ich die Gelegenheit, ging zu Pilatus und bat, den geschundenen Leichnam bestatten zu dürfen. Die Schar der Jünger hatte sich verflüchtigt. Niemand kümmerte sich um den Toten. Warum also sollte ich ihm, dem ich nur von ferne gefolgt war, nicht die Ehre antun? Bei der Kläglichkeit seines Endes mochte es tröstlich sein, dass er wenigstens eine ansehnliche Behausung für den ewigen Schlaf fand, dem auch er nicht zu entrinnen vermochte.

Ich atmete auf trotz der schrecklichen Begleitumstände. Das Grab war nicht mehr leer. Es hatte seine Bestimmung gefunden. Ich jedenfalls brauchte nicht hinein. Verschlossen war die Öffnung und versiegelt. Des Pilatus' Kriegsknechte saßen als Wächter davor. Die Drohung, der ich mich immer stärker ausgeliefert fand, schwieg. Zwei Tage schwieg sie. Und heute? Heute, am dritten Tag, höre ich Erstaunliches. Der Bote, den Ben Choreb mir schickte, will mit eigenen Augen gesehen haben, dass der Torstein fortgewälzt ist. Die Wächter sind geflohen. Und das Erschreckendste: Das Grab ist leer. Leer, wie es vordem gewesen.

Wo ist er, dieser andere?

Ich frage: Was soll das? Nicht den Boten frage ich, der das Ereignis kaum auf sich selber bezieht, nein, dazu hat er wenig Ursache. Doch ich, dessen Gesicht mir aus dem Spiegel bleich entgegenstarrt, dessen Hand zittert – ich, der ich offenbar gemeint bin, ich frage: Was habe ich mit der neuerlichen Öffnung des Grabes zu schaffen? Gehört es jetzt wieder mir? Wartet es von nun an auf keinen anderen als auf diesen Josef aus Arimathia, der sich ihm leichtfertig entzog?

Was aber bedeutet es, dass unterdessen ein anderer darin lag? Wo ist er, dieser andere? Und was soll man davon halten, dass es heißt, er sei von den Toten auferstanden? Genau gesagt: Er lebe? Hat er, dieser Mann aus Nazaret, eine andere Art von Leben begründet? Und diese Neugründung des Lebens, hat sie nicht stattgefunden in meinem Grab? In dieser Höhlung, die auch mich eines Tages aufnehmen wird, doch jetzt unter welch ungeheurem Vorausgang? Wo der Tod einmal besiegt wurde, kann er da je wieder Macht gewinnen?

Darüber grüble ich, seit der Bote vom Hof ging. Die Tatsachen werde ich prüfen. Doch spüre ich, dass weiter über das Sichtbare hinaus hier eine Nachricht zu mir gelangt ist, die ich nicht heute und nicht morgen zu Ende denke.

Rudolf Otto Wiemer

Die Gütergemeinschaft der Urgemeinde

Die Menge derer, die gläubig geworden waren, war ein Herz und eine Seele. Keiner nannte etwas von dem, was er hatte, sein Eigentum, sondern sie hatten alles gemeinsam. Mit großer Kraft legten die Apostel Zeugnis ab von der Auferstehung Jesu, des Herrn, und reiche Gnade ruhte auf ihnen allen. Es gab auch keinen unter ihnen, der Not litt. Denn alle, die Grundstücke oder Häuser besaßen, verkauften ihren Besitz, brachten den Erlös und legten ihn den Aposteln zu Füßen. Jedem wurde davon so viel zugeteilt, wie er nötig hatte.
Apg 4,32-35

Teile und herrsche nicht

Dass einige vieles und die Masse weniger oder wenig haben
Kann man damit erklären
Dass einige bedeutend und die meisten unbedeutend sind

Dass einige fast alles und die Restlichen fast gar nichts haben
Kann man damit erklären
Dass einige klug und die Restlichen dumm sind

Dass einige mächtig und die anderen ohnmächtig sind
Kann man damit erklären
Dass einige verschlagen und die anderen die Geschlagenen sind

Dass einige immer mehr haben wollen und viele daher immer weniger haben
Kann man damit erklären
Dass einige über Leichen gehen und viele unter den Leichen sind

Dass einige über alle regieren und diktieren
Kann man damit erklären
Dass einige Geschichte machen müssen und mit allen anderen Geschichte gemacht wird

Zwar heißt es
Vor Gott sind alle Menschen gleich
Und human das möchte jeder gerne sein

Aber welcher Bedeutende will sich schon mit einem Unbedeutenden
Welcher Kluge will sich schon mit einem Dummen
Welcher Verschlagene will sich schon mit einem Geschlagenen auf eine Stufe stellen
Wer will das schon

Die Erde gehört uns allen
So wie der Sand, den man am Grabe uns eines Tages freundlicherweise
Nachwerfen wird

Aber im Leben gehören
Die Armen den Reichen
Die Dummen den Klugen
Die Geschlagenen den Verschlagenen

Die Gläubigen der Kirche
Die Schwarzen den Weißen
Die Naiven den Raffinierten
Die Schweigenden den Schwätzern
Die Friedfertigen den Streitsüchtigen

Die Erde aber könnte uns allen gehören
Wenn dein Haus auch mein Haus
Mein Geld auch dein Geld
Dein Recht auch mein Recht
Mein Los auch dein Los
Dein Kleid auch mein Kleid
Mein Glück auch dein Glück
Dein Leid auch mein Leid
Wäre

Teile und herrsche nicht!
Aber wer kann das schon.

Hanns Dieter Hüsch

Glaube, Liebe, Hoffnung

Wenn ich in den Sprachen der Menschen und Engel redete, hätte aber die Liebe nicht, wäre ich dröhnendes Erz oder eine lärmende Pauke. Und wenn ich prophetisch reden könnte und alle Geheimnisse wüsste und alle Erkenntnis hätte; wenn ich alle Glaubenskraft besäße und Berge damit versetzen könnte, hätte aber die Liebe nicht, wäre ich nichts. Und wenn ich meine ganze Habe verschenkte und wenn ich meinen Leib opferte, um mich zu rühmen, hätte aber die Liebe nicht, nützte es mir nichts. Die Liebe ist langmütig, die Liebe ist gütig. Sie ereifert sich nicht, sie prahlt nicht, sie bläht sich nicht auf. Sie handelt nicht ungehörig, sucht nicht ihren Vorteil, lässt sich nicht zum Zorn reizen, trägt das Böse nicht nach. Sie freut sich nicht über das Unrecht, sondern freut sich an der Wahrheit. Sie erträgt alles, glaubt alles, hofft alles, hält allem stand. Die Liebe hört niemals auf. Prophetisches Reden hat ein Ende, Zungenrede verstummt, Erkenntnis vergeht. Denn Stückwerk ist unser Erkennen, Stückwerk unser prophetisches Reden; wenn aber das Vollendete kommt, vergeht alles Stückwerk. Als ich ein Kind war, redete ich wie ein Kind, dachte wie ein Kind und urteilte wie ein Kind. Als ich ein Mann wurde, legte ich ab, was Kind an mir war. Jetzt schauen wir in einen Spiegel und sehen nur rätselhafte Umrisse, dann aber schauen wir von Angesicht zu Angesicht. Jetzt ist mein Erkennen Stückwerk, dann aber werde ich durch und durch erkennen, so wie ich auch durch und durch erkannt worden bin. Für jetzt bleiben Glaube, Hoffnung, Liebe, diese drei; doch am größten unter ihnen ist die Liebe.
1 Kor 13,1-13

Wenn ich mit Menschen –
und mit Engelszungen redete
und hätte der Liebe nicht,

so wäre ich ein tönend Erz
oder eine klingende Schelle.

Wenn ich alles wüsste,
was die Fachleute aller Gebiete wissen,
wenn ich die Menschen durchschaute
bis auf den Grund
und das Geheimnis der Dinge
in mathematische Formeln
zu fassen verstände,
wenn ich Augen hätte für das Unsichtbare
und ein Gehör für das Unhörbare,
wenn ich ahnend und schauend
das Geheimnis Gottes
zu ergründen vermöchte,
auch wenn mein Glaube so groß wäre,
dass ich nicht nur Berge versetzte,
sondern auch Wege wüsste,
wo Menschen keinen Weg mehr finden,
und es wäre keine Liebe in mir,
sähe ich nicht das Antlitz Gottes
im anderen Menschen,
so wäre ich nichts.

Wenn ich mit Menschen-
und mit Engelszungen redete,
wenn ich, ein Pfarrer,

jeden Sonntag auf die Kanzlei stiege
und eine glanzvolle Predigt hinlegte
und die Kirche voll wäre
bis auf den letzten Platz
und mich bewegte nicht
die Liebe zu diesen Leuten,
wäre es besser, ich hielte meinen Mund.

Und wenn ich, eine Lehrerin,
täglich fünf Stunden
vor meiner Schulklasse stände
und meine Kräfte verzehrte
in meiner täglichen Mühsal
mit Unterrichten und Korrigieren
und mich bewegte nicht
die Liebe zu diesen Kindern,
die mir das Leben sauer machen,
dann wäre es besser,
ich ließe sie in Frieden.

Und wenn ich, die Schwester,
durch meine Tracht zur Sanftmut
und zur Liebe verpflichtet,
zwanzig Betten perfekt versorgte
und es fehlte nirgends
die geringste Kleinigkeit,
es wäre alles sauber, blank,
steril und chemisch rein,
und ich täte es an den Menschen vorbei,
die in mir eine Schwester sehen möchten,
ich täte es ohne Liebe

auch zu den Schwierigen
und Anspruchsvollen,
ich hätte meine Berufung verfehlt.

Und wenn ich, ein Verwaltungsangestellter,
täglich hinter meinem Schalter säße
und Formulare ausfüllte,
genau und zuverlässig,
und mich in meinem Beruf hingäbe
für das Gemeinwohl
und ich hätte keine Freundlichkeit
für die Leute,
die vor mir Schlange stehen,
ich wäre nichts als ein Stück Apparat.

Und wenn ich, eine Hausfrau,
mein Leben hinbrächte –
bitte, das Einzige,
das ich auf dieser Welt habe! –
mit Kochen, Waschen, Bügeln, Aufräumen
und alle meine Interessen zurückstellte,
meine Freiheit opferte
und meine Bildung vernachlässigte,
nur weil der Haushalt laufen muss,
und mich bewegte nicht die Liebe zu den paar
 Menschen, für die ich es tue,
dann wäre mein Leben vertan.

Wenn ich, ein politischer Mensch,
gegen alle Ungerechtigkeit der Welt
demonstrierte
und mich bewegte nur der Hass
gegen die Unterdrücker,
nicht aber das Erbarmen
mit den Unterdrückten,
dann brächte ich in diese Welt
keine Spur von Gerechtigkeit.

Wenn ich die gewalttätige Gesellschaft
anprangerte,
unter deren Druck ich lebe,
und nach einer Welt riefe,
in der man einander Freiheit lässt,
und mich bewegte nichts
als die Verachtung für diejenigen,
die das Bestehende geschaffen haben,
ich brächte in diese Welt
kein Gramm Freiheit.

Wenn ich den Sozialismus predigte,
verbunden mit dem Evangelium
von Jesus Christus,
und ich täte es nur aus Rechthaberei
und um den Spießbürgern eins auszuwischen,
es wäre alles eine einzige Lüge.

Und wenn ich von Zärtlichkeit spräche
und von Fantasie im Spiel der Liebe
und ich dächte vor allem an die Liebe,

die ich von anderen empfangen möchte,
und nicht so sehr an den anderen, den ich liebe,
wäre ich nichts als ein
kleinkarierter Egoist.

Und wenn ich von Liebe spräche
in den höchsten Tönen
und ließe den Geliebten im Stich,
ich wäre nichts
als ein armseliger Scharlatan.

Denn es ist die Liebe,
durch die besteht, was wir tun,
in den Augen Gottes.
Was bleibt, stiften die Liebenden.

Denn das ist ihre Bestimmung:
Liebe nimmt Gottes schöpferische Kraft
so in sich auf und gibt ihr Raum,
dass sie selbst das Wort findet,
durch das Schöpfung geschieht.
Das schöpferische Wort,
das im geliebten Menschen den weckt,
der von Gott gedacht war.

Der lebt nicht nur „von unten her",
nicht nur aus der Erde
oder aus menschlichen Wesen,
sondern aus Gottes Geist.
Nun soll Leben in ihm entstehen,
Kraft, Lebendigkeit.

Ein Menschenwesen,
das nicht ein Kind der Erde allein,
sondern auch ein Kind des Geistes ist.

Und das ist eine Bestimmung:
dass Gott ihm das neue Wesen,
das des Liebenden, verleiht.
Denn was bleibt,
stiften die Liebenden durch die Kraft,
die der liebende Gott in ihnen wirkt.

Jörg Zink

Quellenverzeichnis

Texte:
Alle Bibeltexte: Einheitsübersetzung der Heiligen Schrift, vollständig durchgesehene und überarbeitete Ausgabe © 2016 Katholische Bibelanstalt GmbH, Stuttgart, Alle Rechte vorbehalten
Ernesto Cardenal, Wie auf einer Töpferscheibe / Das Weltall ist sein Heiligtum, aus: Ders., Psalmen: mit d. Brief an d. Volk von Nicaragua, übersetzt von Stefan Basciu © Peter Hammer Verlag, Wuppertal 1981
Papst Franziskus, Seligpreisungen, aus: Papst Franziskus, Homilie zur Eucharistiefeier im Swedbank-Stadion von Malmö am 1.11.2016 © Libreria Editrice Vaticana, Città del Vaticano
Hanns Dieter Hüsch, Posthum / Teile und herrsche nicht, aus: „Der große Hüsch" von Hanns Dieter Hüsch © 2011, Verlag Kiepenheuer & Witsch GmbH & Co. KG, Köln
Arnim Juhre, Jubelt nicht unbedacht. Psalm 98 © Strube Verlag, München
Ephraim Kishon, Das Kainszeichen, aus: Ders., In Sachen Kain & Abel © LangenMüller in der Verlagsbuchhandlung F.A. Herbig, München 1980
Huub Oosterhuis, Du mein Hirte, aus: Ders., Psalmen. Übersetzt von Anette Rothenberg-Joerges und Hans Kessler © Verlag Herder GmbH, Freiburg im Breisgau 2015, S. 57
Josef Osterwalder, Die zweite Rettung des Schafs / Zehn Mädchen – Entwirrungsversuche, aus: Josef Osterwalder, Von Senf- und Samenkörnern. 25 fast biblische Geschichten © Matthias Grünewald Verlag. Verlagsgruppe Patmos in der Schwabenverlag AG, Ostfildern 1977. www.verlagsgruppe-patmos.de
Luise Rinser, Am Tag darauf / … sie kamen alle, aus: Luise Rinser, Mirjam. © S.Fischer Verlag GmbH, Frankfurt am Main 1983
Uwe Seidel, Brot-Worte, aus: Uwe Seidel, Wenn uns Hören und Sehen vergeht, 1987 © tvd-Verlag Düsseldorf
Uwe Seidel, Mein Gott, warum hast du mich verlassen, aus: Uwe Seidel / Diethard Zils, Psalmen der Hoffnung, 1982 © tvd-Verlag Düsseldorf
Peter Spangenberg, Psalm 91, aus: Ders., Höre meine Stimme. Die 150 Psalmen der Bibel übertragen in die Sprache unserer Zeit © Agentur des Rauhen Hauses Hamburg, 2019
Rudolf Otto Wiemer, Nachdenken des Joseph von Arimathia über das leere Grab, aus: Rudolf Otto Wiemer, … dann werden die Steine schreien, R. Brockhaus Verlag, Witten 2003 © Rudolf Otto Wiemer Erben, Hildesheim
Wilhelm Willms, wir wollen heute, aus: Wilhelm Willms, roter faden glück, lichtblicke. © 1974 Butzon & Bercker GmbH, Kevelaer, 5. Aufl. 1988, 9.8, www.bube.de
Lothar Zenetti, Am Ostermorgen, aus: Ders., Auf seiner Spur. Texte gläubiger Zuversicht © Matthias Grünewald Verlag. Verlagsgruppe Patmos in der Schwabenverlag AG, Ostfildern 2011. www.verlagsgruppe-patmos.de
Lothar Zenetti, Die Arbeiter / Wer ist denn mein Nächster © Paulinus Verlag, Trier
Diethard Zils, Markusevangelium – Eine gute Nachricht nimmt ihren Lauf, aus: Diethard Zils, Trotz und Träume: Zwischen Politik und Liturgie, hrsg. von Frano Prcela © St. Benno Verlag, Leipzig 2015
Jörg Zink, Wenn ich mit Menschen- und Engelzungen redete, aus: Ders., Was bleibt, stiften die Liebenden. Stuttgart: Kreuz Verlag 1979, S. 200–2005 © Verlag Herder GmbH, Freiburg i. Br.

Wir haben uns bemüht alle Inhaber von Textrechten in Erfahrung zu bringen. Für zusätzliche Hinweise sind wir dankbar.

Bildnachweis:
S. 6: © Choat/Fotolia, S. 9: © Bildagentur Zoonar GmbH/shutterstock, S. 10: © TTstudio/Fotolia, S. 17: © misu/Fotolia, S. 18: © Christian Pedant/Fotolia, S. 21: © Lars Gieger/Fotolia, S. 22: © Jaroslaw Pawlak/shutterstock, S. 24/25: Subbotina Anna/Fotolia, S. 26: © Kotenko Oleksandr/shutterstock, S. 29: © YKD/shutterstock, S. 30: © Eder/shutterstock, S. 33: © Vasiliy Koval/shutterstock, S. 34: © Elenamiv/shutterstock, S. 41: © LittlePerfectStock/shutterstock, S. 42: © Michal.J/shutterstock, S. 45: © Song_about_summer/shutterstock, S. 46: © Nagib/shutterstock, S.52/53: © Adam Gregor/Fotolia, S. 54: © arboursabroad/shutterstock, S. 62: © Michael Wick/shutterstock S. 67: © mythja/shutterstock, S. 64: © jsp/shutterstock, S. 70: © Pinkyone/shutterstock, S. 72/73: © Rawpixel.com/shutterstock, S. 74: © Romolo Tavani/shutterstock, S. 77/76: © alefbet/shutterstock, S. 78: © Michael Warwick/shutterstock, S. 83: © Martin Masiya/shutterstock, S. 84: © Moni Frances/shutterstock, S. 89: © gburshtein/Fotolia, S. 90: © searagen/Fotolia, S. 93: © christina_conti/Fotolia, S. 94: © bboriss/Fotolia, S. 97: LStockStudio/shutterstock, S. 98: © Louis/Fotolia, S. 101: © Lukas Gojda/Fotolia, S. 102: © R. Gino Santa Maria/Fotolia, S. 107: © John Smith/Fotolia, S. 108: © Tomas/Fotolia, S. 115: © compuinfoto/Fotolia, S.116: © Matthias/Fotolia, S. 119: © Africa Studio/Fotolia, S. 120: © Anna/Fotolia, S. 127: © ImagesMy/Fotolia